生活技能 079

開始在走廊
自助旅行

作者◎吳靜雯

太雅

「旅行者必知的單字」

換錢(Money Exchange)

廁所

入口

購票處(Phong Ban Ve)

男女廁所標示：
男(Nam)、女(Nu)

出口

西聯匯款(Western Union)

打開(Mo) / 鎖上(Khoa)

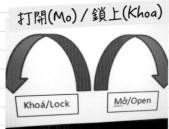

汽油(Petrol)

免費(Compliments)

洗衣

電話卡販賣處

「遊越南 鐵則」

☑ 保持耐心, 多點同理心!

理由: 相信許多人都有同樣的感覺, 在東南亞國家旅遊最大的感受就是基礎建設不夠好, 所以往往在交通上耗費了很長的時間, 建議排行程時最好不要排得太緊, 多一點耐心, 多一點彈性。

☑ 不願被拍照的小販!

理由: 也許你會注意到, 河內老街有些小販不願意被拍照, 只因越南的遊客實在是太多了, 幾乎都是人手一台相機隨走隨拍。有些小販每天這麼被拍, 也真是煩了。所以會遇到趕人不想被拍的情況, 請理解一下囉!

☑ 街上充斥著連續不斷的喇叭聲!

理由: 越南有兩大震撼教育, 第一是過馬路, 第二當然是熱情招呼行人的喇叭聲囉。有些車子還有特製喇叭, 按一下就會連續叫好幾聲, 真是聲聲催人狂啊!

☑ 瘋狂駕駛要多留意!

理由: 有些越南司機開山路還可以一路甩尾, 瘋狂得讓乘客不是緊握著手把, 就是乾脆讓自己昏死, 這點真的是需要我們大慈大悲的包容他們。建議坐在後排座位, 千萬別坐第一排, 否則只好下車去撿跳出車窗的心臟啦!

☑ 買東西會碰上「外國人價」!

理由: 在越南, 幾乎所有景點的門票都有外國人價, 小攤販也是, 所以不論到哪都要廝殺一番。不過建議只要價錢不是太離譜, 就不用太計較, 以免壞了自己的遊興。

☑ 性命擺一邊, 瀟灑走一回!

理由: 在越南過馬路, 原則之一就是要勇敢。儘管路上如流水的車子絕不會因為你要過馬路而費心停下來, 但也請意志堅定又明確地往前直走。切記!! 可隨車流狀況放慢速度, 但不要在半路突然停下來, 因為所有的車輛都有一定的韻律, 他們清楚知道要如何避開你, 如果因害怕而突然停下來, 反而會亂了這世間的自然韻律喔!

☑ 不可思議的思考方式!

理由: 有些越南人的思考方式, 會讓人覺得很不可思議, 不曉得他們是怎麼想的, 總有讓人啼笑皆非的情況出現。

遊越南背包客 Q&A

Q1 一個人到越南旅行，安不安全？

歐美許多背包客都是一個人旅行，通常會入住青年旅館，方便參加當地行程及認識來自各地的朋友。若是參加當地1～3天的行程，跟不同的人一起相處幾天的時間，有時候會交到很好的朋友喔。

最重要的就是，抵達前先記好該城市的背包客區位置（請見住宿篇P.82），到一個新城市時，就到該區找旅館，建議可以先要求看房間、談價錢，滿意後再住，或者使用預訂旅館的app搜尋周區旅館。

Q2 越南旅行，英文通嗎？

越南外國遊客相當多，想要賺觀光財的當地人，大部分都會講一點英文，但若是要深入溝通，則比較少。目前旅館櫃檯服務人員的英文程度仍參差不齊，但是一般訂房及服務並沒有太大的問題，現在中文服務也越來越普遍了。

Q3 應該帶什麼樣的包包？

安全起見，帶斜肩包，不要拿手提包。

Q4 買東西要注意什麼？

買東西一定要貨比三家及殺價，除非貼有Fixed Price(定價)的商店。

善用手機的計算機功能，用來與商家溝通、殺價時非常好用。

Q5 越南過年期間，去越南旅遊適合嗎？

越南人對於農曆過年仍相當重視，除夕到初三幾乎所有商店都休息，攤販的價錢雙倍。近年來，為了方便外國遊客，有些旅行社過年期間也推出一些行程，不過數量相對較少。

建議這幾天可以待在一個城市不移動，感受當地的過年氣息。中大型城市大都有一些過年活動，如河內的還劍湖附近會有遊行，街上有許多小販。

Q6 衣服怎麼穿比較好？

越南的太陽很大，即使是陰天，在沙巴健行都會曬傷，記得做好防曬。

北越四季較為分明，氣候跟南台灣較接近。冬季寒流時需攜帶大外套，其他季節只需要小外套即可。夏季炎熱，重透氣、吸汗。長袖襯衫＋七分褲＋包腳涼鞋是萬用穿著（見行李準備P.41）。

Q7 需要特別攜帶什麼？

需隨身攜帶衛生紙及濕紙巾，餐廳的濕紙巾要另外付費。當地的超市及便利商店都可便宜買到面紙包及濕紙巾。

Q8 水龍頭的水能喝嗎？

不能，建議購買礦泉水。

Q9 越南適合親子旅遊嗎？

河內老城區街道小，車子多，較不適合帶太小的孩子旅遊；胡志明市車雖然也多，但街道較寬敞些，較能安心旅遊；峴港、會安、美奈相較之下較為安全；芽莊很觀光化，但有適合親子旅遊的水上樂園、度假村及泥漿溫泉中心。

So Easy 079

開始在越南自助旅行(新第六版)

作　　　者　吳靜雯

總　編　輯　張芳玲
發想企劃　taiya旅遊研究室
編輯部主任　張焙宜
企畫編輯　徐湘琪
主責編輯　徐湘琪
特約編輯　洪育奇
修訂編輯　黃　琦
封面設計　林惠群
美術設計　林惠群
地圖繪製　林惠群
修訂美編　王佩于

太雅出版社
TEL：(02)2882-0755　FAX：(02)2882-1500
E-mail：taiya@morningstar.com.tw
郵政信箱：台北市郵政53-1291號信箱
太雅網址：http://taiya.morningstar.com.tw
購書網址：http://www.morningstar.com.tw
讀者專線：(04)2359-5819 分機230

出 版 者　太雅出版有限公司
　　　　　台北市11167劍潭路13號2樓
　　　　　行政院新聞局局版台業字第五○○四號

總 經 銷　知己圖書股份有限公司
　　　　　台北市106辛亥路一段30號9樓
　　　　　TEL：(02)2367-2044／2367-2047　FAX：(02)2363-5741
　　　　　台中市407工業30路1號
　　　　　TEL：(04)2359-5819 FAX：(04)2359-5493
　　　　　E-mail：service@morningstar.com.tw
　　　　　網路書店：http://www.morningstar.com.tw
　　　　　郵政劃撥：15060393 (知己圖書股份有限公司)

法律顧問　陳思成律師
印　　刷　上好印刷股份有限公司　TEL：(04)2315-0280
裝　　訂　大和精緻製訂股份有限公司　TEL：(04)2311-0221

五　　版　西元2020年02月10日
定　　價　350元
(本書如有破損或缺頁，請寄回本公司發行部更換，或撥讀者服務專線04-23595819)

ISBN　978-986-336-368-2
Published by TAIYA Publishing Co.,Ltd.
Printed in Taiwan

國家圖書館出版品預行編目(CIP)資料

開始在越南自助旅行 / 吳靜雯作. -- 五版.
-- 臺北市：太雅, 2020.02
　　　面；公分. -- (So easy；79)
　　ISBN 978-986-336-368-2(平裝)

　　1.自助旅行　2.越南

738.39　　　　　　　　　108020371

編輯室：本書內容為作者實地採訪資料，書本發行
後，開放時間、服務內容、票價費用、商店餐廳營
業狀況等，均有變動的可能，建議讀者多利用書中
網址查詢最新的資訊，也歡迎實地旅行或居住的讀
者，不吝提供最新資訊，以幫助我們下一次的增
修。聯絡信箱：taiya@morningstar.com.tw

作 者 序

奇妙的越南，不論去過多少次，
都會覺得那裡充滿神妙、迷人的氣氛！

《沉靜的美國人》在片子的一開始就說：
我不知道、也說不清楚到底是什麼讓我喜歡上越南，
也許是因為這裡有個女人的聲音讓我心醉，
也許是因為這裡的一切是那麼有吸引力，
這裡的顏色，
這裡的氣味，
甚至是這裡的雨。……

越南的美，在於混亂的喇叭聲，也在於船上那位漁夫的閑靜；
在於胡志明市時髦的酒吧，也在於富國島純樸的黃土路上；
在於越南精緻美學中的高級餐飲，也在生氣勃勃的小吃攤裡。

越南美女白天包得像肉粽保護美白肌膚，晚上則穿得清涼騎車兜風。

越南的美，讓我們帶著尊重的心，從辛勤努力的越南人間，慢慢找尋、品味。

吳靜雯

關於作者

吳靜雯

一個愛深度探索世界的牡羊座，喜歡隨地而坐享用道地小吃，也喜歡偶爾上上高級餐館，享受當旅人的奢侈；喜歡窩居青年旅館，打探各方小道消息；也喜歡入住傳奇旅館，驚歎各家旅館的細心雅致。期許自己能將更多元化的世界樂活方式介紹給大家，整理出讓讀者玩得安心又快樂的旅遊書。

作品：
SO EASY系列：《開始在越南自助旅行》、《開始在泰國自助旅行》、《開始在土耳其自助旅行》、《開始在義大利自助旅行》、《開始到義大利購物&看藝術》、《指指點點玩義大利》
世界主題之旅系列：《真愛義大利》、《Traveller's曼谷泰享受》、《泰北清邁享受全攻略》
個人旅行系列：《英國》

親近在面紗下的純樸風光！

談到越南，相信對它有誤解的人一定很多，甚至會認為：「別傻了，那裡不是超落後的嗎？」要知道，越戰的故事已是三十多年前的陳跡，現在的越南雖然沒有華麗的高樓大廈、沒有發展良好的市區捷運，但它有的，卻是你可能想望、卻已經不在你身邊的事物。

讓我們拋開好萊塢的戰爭悲情，正視這個依然純樸的世界吧！

從作者的描繪中，可以讓人感受到越南人強韌的民族天性，在歷經中西不同文化衝擊之後，創造出屬於自己的生活哲學。北方鄰接中國大陸的民族性較為剛毅，南方靠近海洋的人民則樂觀悠然，不同的態度與熱情，都為來訪的遊客們帶來奇妙的認知，而不論是河內、順化、胡志明市、會安⋯⋯。每個城市都有自己的個性，這樣的況味，永遠讓人感覺意味深長，想要不愛上這個國家都很難！

你是否也想成為愛上它的一員？不妨就從這本書開始！

特約編輯 **洪育奇**

摩托車與巴黎，象徵著越南最熱門的約會方式。

以往課稅以面積計算，導致大城市有許多這種細竹般的建築。

穿制服的女學生騎腳踏車時，會把裙擺拉放在手把上，自創一套特殊的騎車方式。

在大街小巷，不時可看到當街理髮的景象。

瞧我有多大的能耐！

目　錄

20
認識越南

28
行前準備

44
機場篇

56
交通篇

74
住宿篇

96
飲食篇

如何使用本書

本書以自助旅行為切入角度，包辦旅遊越南所需的一切知識。除了越南基本認識，還有證件辦理、旅遊網站、訂房管道等方法；抵達越南後，各種交通串連方式、吃喝、購物、玩樂、通訊方法及狀況應變等等，書中也都有詳盡介紹。篇章依照出國順序來安排，既方便尋找，豐富貼心的資訊也讓你規畫旅遊一點都不麻煩。

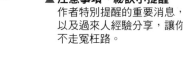

▲ **注意事項、祕訣小提醒**
作者特別提醒的重要消息，以及過來人經驗分享，讓你不走冤枉路。

▼
各城市吃買逛導覽
為你導覽越南各大名城、交通前往方式。

▲ **景點介紹與交通資訊**

▲ **交通建議、行程建議**

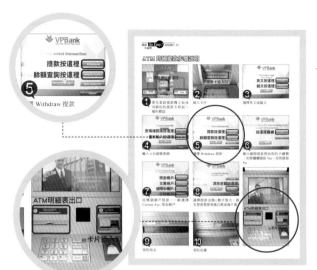

圖解機器使用方式
買票機器的操作按鈕插孔、操作方式，都有詳細拉線說明；網路購票訂房也有逐步教學。

文圖步驟說明
不管是搭飛機、入出境，搭車方法等，都有文字與圖片搭配，步驟化說明，按部就班超輕鬆。

連絡資訊一目了然
證件哪裡辦？聯絡窗口、地址、電話等重要資訊為你條列整理。

越南指標、資訊中文化
不會越南文沒關係，重要指標、車票資訊等，都有中文解析，教你看懂重要資訊。

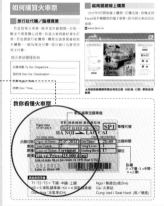

越南玩樂前哨站

入古城

會安古城☆☆☆穿越時光隧道、量身訂製衣服、鞋、包 (P.135)
順化古皇城☆☆☆阮氏王朝的古皇城，有著小紫禁城之稱，
　　　　　　郊區皇陵更是令人驚豔！(P.132)

徜徉法越情懷

美賞法式殖民建築☆☆☆郵政總局、聖母院、享歐式美食
暢享越式濃醇咖啡☆☆☆小凳咖啡、優雅時尚咖啡
大咬越南美食☆☆☆道地越式小吃、烹飪課程
悠買越式工藝☆☆☆咖啡、巧克力、創意設計品

越南必訪
不可錯過的12景點

下龍灣遊船之旅
全球知名的海上石林奇景。最推薦兩天一夜在遊船上過夜的行程，可悠然賞景、划小船、賞鐘乳石洞。

河內老街嘗道地小吃
河內是越南的古都城，城內仍有許多美味的傳統美食，可說是越南最棒的小吃天堂，像是著名的烤肉米粉、蝸牛麵、炸鱧魚、烤肉串春捲、啤酒街、蛋咖啡等。

大勒山城涼爽度假
長年氣候舒爽的大勒山城，為越南的避暑勝地。這裡還以高山花卉蔬果聞名，整座城市相當優美，步調也較為緩慢，真是美好的山林度假地。

沙巴山中健行
北越與中國接壤的沙巴山區，有著一片寧和的高山梯田景色，各少數民族們仍在山裡過著簡樸的生活，遊客則可選擇1～3天行程，徒步健行各山村，入住當地民居，跟著村民吃飯，或者騎摩托車、搭吉普車遊沙巴。

會安古城
燈籠高高掛的兩層樓木質老民居、悠悠小河、熱鬧市集、沁心沙灘、量身訂做的高貴不貴待遇，讓你放輕鬆暢遊古城之餘，還滿載而歸。

除了迷人的古城氛圍及海灘度假之外，會安的悠慢步調，也很適合選個烹飪課程，巧學幾道美味越南料理。

峴港悠閒度假
中越疏闊的海港氣息相當悠閒，近年新增了許多度假氣場強大的濱海旅館，不但可躺在沙灘上暢享假期，還可搭最長的纜車上巴拿山探訪法國村。

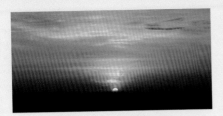

美奈白沙丘日出之旅

美奈是越南最棒的濱海度假地之一，因為這裡的步調較緩慢，小村也較為安靜。除了躺在沙灘上，或者玩水上摩托車、衝浪、風箏衝浪外，還可一大早起床參加日出之旅，在白沙丘欣賞美麗的日出，或者參加紅山丘日落之旅。除了搭吉普車看日出、日落之外，行程還包括紅峽谷、漁村，相當豐富。

富國島放空度假

到越南這個悠閒到牛群都隨意漫步在黃土路上的離島，不但可以安排潛水行程，傍晚時還可搭上漁船，出海釣魚，漁夫還會準備鮮美魚粥及烤海鮮招待大夥兒。

胡志明市東方巴黎小旅行

充滿法式風情的聖母院、郵政總局、粉紅教堂，老建築改建的咖啡館與餐廳，讓旅客在東方的摩托車大亂陣中，瞥見西方的浪漫氣息。

走跳特色咖啡館

長年受東西方美學薰陶的越南人，近年文創力大爆發，老建築轉為一家家特色咖啡館，讓遊客在尋找隱於窄巷破樓的咖啡館時，成就了一趟有趣的小旅行。

湄公河三角洲水上市集

獨特的水上人家生活型態，為胡志明市郊區最熱門的行程。除了參觀水上人家外，還包括椰糖、米紙製造工廠等。另也有豪華遊船，讓客人在船上過夜，並安排單車之旅或專屬小船遊水上市集。此外古芝隧道半天行程或再加上高台寺的一天行程，也是胡志明市的郊區熱門選擇。

躺享越式按摩

著重點穴的越式按摩，錯過可惜。目前按摩價格仍相當合理，環境也越來越好了。越式洗頭也是相當有趣的體驗，越南美甲則是技術好又平價。

SPA及度假旅館享樂

越式按摩的特色

　　雖然泰式按摩早已享譽國際，不過相較之下，越南的按摩方式也著實令人著迷。如果說泰式按摩是有人大氣地幫你做瑜珈，那麼越南按摩則是細細地幫你按齊所有穴道。越式按摩是以針壓法為主，重在穴位的循環，透過手指將力道集中在壓力點上，來舒緩人身上的能量，有助於陰陽能量的平衡。

　　不過要注意的是，越南按摩SPA中心品質仍相當參差不齊，一定要慎選比較有信譽的按摩中心。

頂級SPA按摩 河內 *Le Spa du Metropole*

✉15 Ngo Quyen Street, Hanoi／☎+84 24 3826 6919／🕐10:00～22:00 (最好在預約時間前半個小時抵達，以便更衣、放鬆身心)

若想體驗頂級的按摩SPA享受，那麼河內Sofitel Legend Metropole的Le Spa當然是首選。從療程上可看出Le Spa的用心，除了一般常見的療程外，還根據越式按摩與傳統醫學原理設計出許多特別的療程。

　　若想便宜按摩，可考慮盲人按摩中心Just Massage(justmassage.org.vn)，環境很好。

01足部按摩室(照片提供：Sofitel Legend Metropole)／02療程室

老城區優質按摩 河內 *Mido Spa*

✉26 Hàng Mành／☎(024)6327-1281／🕐09:00～23:00

河內老街上雖有許多平價按摩店，但品質參差不齊，多數按摩環境的清潔做得仍不夠好，按摩師按摩時聊天屬常態。這家按摩雖然價位較高一點點，但環境、服務的專業度與按摩技術也較好(60分鐘腳底按摩約29萬越幣)。

泥漿溫泉浴, 瀑布沖澡 寺莊 *I Resort泥漿溫泉度假中心*

🌐 www.i-resort.vn／✉19 - Xuan Ngoc, Vinh Ngoc, Nha Trang／📞 (058)383-8838，提供免費市區接駁，可請旅館協助預訂／💲泥漿浴23萬越幣起，另有含藥草浴、溫泉泳池、按摩池、餐飲的套裝

芽莊除了濱海度假外，還以特有的泥漿溫泉浴聞名。在市區4公里外的I Resort泥漿溫泉浴度假中心，以當地的材質營構出一處悠閒又高品質的度假中心。來到這裡，不但可泡溫泉、泥漿浴、藥草浴，還有瀑布區讓人過癮沖澡、溫泉泳池游泳、餐廳。也有按摩服務，只是技術較一般。

01泥漿浴／**02**設施多，大人小孩都玩得開心的度假中心

`01`

`02`

自然風的中醫+泰越按摩 富國島 *Chen Sea Resort & Spa*

🌐 www.chensea-resort.com／✉ Bai Xep, Ong Lang Hamlet, Cua Duong Village, Ong Lang Beach, Phu Quoc／📞 +84 297 3995 895

Chen La度假旅館就在海邊，按摩室是獨棟的茅草屋，非常貼近大自然，拉起竹簾還可看到藍色的大海。按摩中心的負責人有多年的專業按摩經驗，還設計了早晨在大海前靜坐的課程。這裡的按摩療程融合了越南、中醫及泰式按摩，集各家之精華，而且價位還不算太貴，可以說是以中上價位就可享受到頂級服務的地方。

`01`

01按摩室是獨棟的茅草屋，拉起簾子就可看到大海，充滿海島的悠閒氣息

平價草本按摩 寺莊 *芽莊超值Tymy按摩中心*

🌐 www.tymySPA.com／✉1A Nguyễn Thiện Thuật／📞 +84 258 6535 258／🕐08:00～20:30

芽莊這家平價按摩中心，環境乾淨，按摩技術又好，用的也都是自家草本產品。除了便宜的腳底按摩及越式身體按摩(10美金)、熱石身體按摩、熱油身體按摩之外，也推薦120分鐘的套裝療程(越幣42萬起)，包括臉部保養及身體按摩。

`01`

`02`

01平價、按摩技術又好的按摩中心／**02**採用自家草本產品按摩

清新型按摩中心　胡志明市 *B Relax Massage*

http brelaxmassage.com／✉ 13 Nguy nThi p, St, Qu n 1／☎ +84 786 247 778／🕙 10:00～23:00

B Relax是胡志明市新開的按摩中心，位於歌劇院與咖啡公寓之間的巷弄，樓下是胡志明市著名的咖啡館，進入咖啡館上2樓，就是讓人秒放鬆的竹風設計按摩中心。

　　內部設施新穎、舒適，服務也很棒，按摩技術扎實，下午3點前還可享20%的早鳥優惠。

手法扎實的優質平價按摩 胡志明市 *Miu Miu Spa 2x2*

http miumiuspa.com／✉ 84 Ngo DucKe Street／🕙 09:30～22:30

Miu Miu Spa算是胡志明市最知名的平價按摩，多年來無論在按摩手法及環境品質上，一直維持得相當好，價格也是，因此分店一家又一家開，其中推薦Saigon Skydeck對面的4號分店。除了按摩師按摩讓你在心裡直按讚外，按摩椅、更衣室及衛浴間也很乾淨。

　　晚間時段較熱門，建議先網路或電話預約，比較推薦下午時段，沒預約也多不須等太久。

01用花草裝潢的簡潔門面／02清雅潔淨的待客空間

按摩技術一流！ 胡志明市 *Moc Huong Spa*

http Mochuongspa.com／✉ 9C Ton Duc Thang Street／☎ (028)3911-7118／💲 腳底按摩為1小時30萬越幣

這是胡志明市最推薦的一家按摩中心，按摩技術及服務的專業度、環境清潔度，都相當令人讚賞，偶爾會碰上較資淺的按摩師，預訂時可向櫃檯要求安排較有經驗的師傅。

　　按摩療程涵蓋各國手法，包括泰式、峇里島式、甚至夏威夷式。除了基本的Relaxing腳底按摩外，還有Ultimate終極腳底按摩及Hotstone熱石腳底按摩。全身按摩推薦結合泰式伸展及日式指壓的Moc Huong Signature；若想體驗全新按摩經驗，除了常見的四手按摩外，這裡甚至還有六手按摩。按摩師則最推薦1號男性按摩師，太專業了！

越南菜課程及小吃之旅

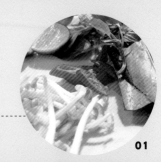

烹飪課程Cooking Class

胡志明市／店家：Hua Tuc餐廳及烹飪教室／http www.saigoncookingclass.com
會安／店家：Morning Glory／http msvy-tastevietnam.com/cooking-classes

01

03

04

02 05

06

01越南料理常見的配料／**02**會安古城的烹飪課程也相當熱門，古城內許多餐廳都有附設烹飪課程／**03**自己動手做菜，還可深入了解當地食文化／**04**一般烹飪課程都會教授越南經典菜／**05**學員一起品嘗自己做的料理／**06**學習過程輕鬆又愉快

到越南這個美食國度，當然得學點越南料理回家炫耀一下。而胡志明市、會安(通常較便宜)、河內、甚至下龍灣遊船上(兩天一夜遊船免費活動)，都很適合烹飪課程，其中有許多烹飪課程都是越南知名餐廳附設的。早上的課程會先帶學員到市場認識越南菜、香料，接著回教室學3～4道菜，做完後大家一起用餐。

此外，越南小吃實在太讚，因此也有許多小吃徒步之旅或單車、摩托車之旅，有些是下午，有些是晚上，這也是相當棒的美食行程。

⁉️ 越南美髮店體驗

美髮店不都差不多嗎？越南美髮店到底有什麼稀奇，值得特別去體驗？有的，有的，因為在越南洗髮店除了洗頭之外，還會另加洗臉的服務，而且洗髮小姐的按摩手法相當舒服，會在你的臉上拍拍打打，躺在椅子上讓人幫你洗臉，應該是很難得的體驗吧。

(推薦店家：胡志明市Merci nails, hair & café)

認識越南
About Vietnam

越南，是個什麼樣的國家？

越南的面積有多大？距離台灣有多遠呢？它是個什麼樣的國家？依然是典型的共產主義國家嗎？
它還有什麼特色？透過本篇，幫助你快速瞭解它。

越南速覽

中南半島上自由度極高的共產國家，深受中法文化影響。

★ 越南小檔案 01

地理 | 中南半島右側靠海國家

越南位於中南半島東南部，西瀕寮國、柬埔寨，北與中國相鄰，東為南海。地形呈狹長的S形，海岸線長達3,200公里，國土最窄地區不到50公里。

★ 越南小檔案 02

人口 | 華僑多達一百餘萬

越南人口約為8,600萬人，共由54個族組成，其中最大的為京族，大姓有阮、陳、吳、黎等。居住在越南的華人約一百餘萬人，大部分居住在南部，特別集中在胡志明市。主要有廣東、潮州、福建、客家及海南五大支系。

★ 越南小檔案 03

語言 | 中法語文交互影響

越南語為官方語言。法國殖民之前一直都使用漢字及字喃，許多發音跟台語很像。後來法國傳教士以拉丁文建構出越南文，在字母上面加上聲調符號，一直沿用至今。1975年統一後，華文教育中斷，但隨著台、港、星投資增加，華文又漸受重視。

★ 越南小檔案 04

國旗 | 紅底黃色五星旗

越南國旗的顏色是紅底的黃色五星旗，紅色代表熱血，五星則分別代表士、農、工、軍人及青年，也就是國家蓬勃發展的主力。

★ 越南小檔案 05

政治經濟 | 單一政黨 外資自由

越南唯一政黨——越南共產黨(Dáng Công sán Viêt Nam)領導的社會主義制國家。依越南憲法規定，國家主席為越南國家元首，不過政權主要集中在越南共產黨的總書記、國家主席、政府總理手中。自2000年以來，越南積極推動經濟改革，吸引許多外資到越南投資。基本上，觀光客並不會感受到太濃厚的共產黨氣息，民間的經濟活動相當活絡且自由化。

⁉️ 來自拉丁語源的越南文字

越南文(Chữ Quốc Ngữ)是由法國傳教士亞歷山德羅(Alexandre de Rhodes)以拉丁字母為基礎構成的，在拉丁字母上加音韻符號，共有6種音調，第一聲不標號，其他5個則在母音的上或下加上標號。

認識越南

越南簡史 | 法國殖民約70年

- 214 B.C.～1000：中國封建屬地，古稱文郎。
- 679：唐朝在南越設置安南督護府，得「安南國」之名。
- 968～980：丁部受宋太祖封為安南郡王，建大瞿越國。但戰事失敗未能收復越南，越南正式脫離中國，成為中國藩屬國。
- 981～1009：前黎朝時期。
- 1010～1225：黎朝初期，定都昇龍(即為河內)。聖宗於1054將國號改為大越。
- 1225～1802：歷經陳朝、胡朝、後黎朝、西山朝。
- 1802～1945：阮朝，定都富春(即為順化)。
- 1803：中國嘉慶皇帝將阮朝嘉隆皇帝原本要命名的「南越」改為「越南」，正式確立國名，冊封阮福映為越南國王。
- 1858：法國藉保護傳教士之名進軍峴港。
- 1884：在中法爭越戰爭之後，法國開始殖民越南約70年。
- 1954：法軍奠邊府戰役敗給主張獨立的游擊隊，雙方簽訂日內瓦停戰協定，法國勢力退出越南。
- 1955：美蘇強權介入各支持一方，越南分裂為南北越，雙方以北緯17度為界，北方成立越南民主共和國，南方成立越南共和國。越戰持續近20年。
- 1975/04/30：北越攻陷西貢，全國統一。
- 1976/07/02：更改國名為越南社會主義共和國。

地圖繪製／許志忠

速覽越南

越南社會主義共和國
(Socialist Republic of Vietnam)

首都：河內
國旗：黃色五星紅旗
國慶：9月2日
國花：竹
面積：約329,600平方公里，約為台灣9倍大
人口：約9,500萬人
語言：越南語
時差：差1小時，比台灣慢1小時
宗教：以佛教為主，天主教亦普遍，另也有道教、基督教、高臺教、和好教等
貨幣：越南盾(VND)

★ 越南小檔案 07

航程 | 多種航班選擇便利

　　台灣到越南航程時間約3～3.5小時，平價航空越捷已開啟桃園、台中、台南、高雄的直飛航班，還有直飛峴港的捷星航空、以及新開航的星宇航空、Bamboo Airways越竹航空；越南、中華及長榮等一般航空也提供直飛班機。此外也可到香港、曼谷等地轉機，例如去程直飛越南胡志明市，遊逛後搭機到富國島海島度假，最後直飛到曼谷，且可同時玩兩個國家。平價航空詳細資訊請參見P.36。

🌐 航班查詢及比價：www.google.com/flights

★ 越南小檔案 08

氣候 | 北中南各有不同

　　越南的氣候隨著緯度而變化，北越(河內一帶)四季分明，跟台灣的天氣很相似；南越(胡志明市以南)長年屬熱帶氣候，氣溫約24～34℃，5～11月為雨季(午後雷陣雨)、12～4月為乾季，氣候較為涼爽；中部地區(峴港、順化)雖然也有四季變化，但並不明顯，氣溫介於北越與南越之間，9～12月較常下雨。(適合旅遊季節請詳見P.31)。

🌐 氣候查詢：www.wunderground.com

★ 越南小檔案 09

假日 | 週六部分單位要上班

　　越南過年時的氣氛仍相當濃厚，幾乎所有商店都關門，當地旅行團出團數量也很少。不過年節期間市區會有些活動。

春節	農曆除夕至初三
新年	1月1日
雄王忌辰	農曆3月10日
西貢解放日	4月30日(國家統一日)
國際勞動節	5月1日
中秋節	農曆8月15日
國慶日	9月2日

1. 旅遊旺季是4月29日～5月2日黃金週、6～8月、9月2日國慶日，其他特殊節慶(請參見「玩樂篇」P.115)
2. 公家單位上班時間：週一～五07:30～11:30，13:00～16:30
3. 私人機關上班時間：週一～五08:00～12:00，13:00～17:30，週六休息，部分上半天班
4. 工廠上班時間：週一～六07:30～11:30，13:00～17:00

平均溫度與降雨量

☆最適旅遊的月分

南越(胡志明市)	★1月	★2月	★3月	4月	5月	6月	7月	8月	9月	10月	★11月	★12月
平均氣溫(攝氏℃)	21～31	22～33	24～34	25～34	26～34	24～32	24～32	24～32	24～31	24～31	23～31	21～31
平均降雨量(公釐mm)	13.8	4.1	10.5	50.4	218.4	311.7	293.7	269.8	327.1	266.7	166.5	48.3
平均降雨日數	2.4	1.0	1.9	5.4	17.8	19.0	22.9	22.4	23.1	20.9	12.1	6.7
中越(以峴港為例)	1月	★2月	★3月	★4月	5月	6月	7月	8月	9月	10月	11月	12月
平均氣溫(攝氏℃)	18～25	20～26	21～29	23～31	25～33	25～34	25～34	24～32	23～30	21～27	19～25
平均降雨量(公釐mm)	96.2	33.0	22.4	26.9	62.6	87.1	85.6	103.0	349.7	612.8	366.2	199.0
平均降雨日數	13.7	6.9	4.8	5.6	8.9	8.0	8.6	11.4	15.4	21.2	20.9	18.6
北越(以河內為例)	★1月	★2月	★3月	★4月	5月	6月	7月	8月	9月	10月	★11月	★12月
平均氣溫(攝氏℃)	13～19	15～20	18～22	21～27	24～32	25～32	26～33	25～32	24～30	21～28	18～25	15～21
平均降雨量(公釐mm)	18.6	26.2	43.8	90.1	188.5	239.9	288.2	318.0	265.4	130.7	43.4	23.4
平均降雨日數	8.4	11.3	15.0	13.3	14.2	14.7	15.7	16.7	13.7	9.0	6.5	6.0

*以上資料時有異動，以官方最新公告為主。

製表／吳靜雯

★ 越南小檔案 10

電壓 | 插座為兩孔圓型

220伏特／50hz，現在電腦及手機大部分為萬國通用電壓，可直接使用。若是110伏特電壓的電器，則需自備變壓器。插頭大部分為兩孔圓型加扁頭插頭，台灣電器不需轉接頭。

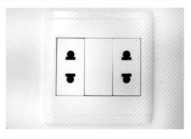

★ 越南小檔案 11

貨幣 | 7萬塊越幣約為1百塊台幣

越南的流通貨幣為越南盾(VND)，新台幣1元約等於700越南盾，1美元約等於越南盾22,000。越南盾多為紙幣，硬幣較少，面值有200、500、1,000、2,000、5,000、10,000、20,000、50,000、100,000、200,000及500,000等單位。因為0太多，一般習慣去掉後面3個0，例如越南人若說25，那是指25,000越幣。在越南換匯比較划算，可抵達機場後以新台幣或美金換越幣，機場、市區匯率比台灣好許多。

信用卡方面，較具規模的商店、餐廳或旅館均接受信用卡，有些商店會加收2%～3%的手續費。

▲越幣0太多了，付錢時務必仔細看清楚，別錯拿多一個0的鈔票

★ 越南小檔案 12

銀行 | ATM提供國際金融卡服務

越南較著名的銀行有SBV、VietinBank、Agribank、Vietcom等銀行。台灣的台北富邦、第一銀行等在越南也有設點。在河內和胡志明市也可看到一些國際知名銀行如ANZ、HSBC、Citibank等。24小時的ATM提款機幾乎是隨處可見，大部分銀行都提供國際金融卡提款服務。(ATM跨國提款方式請詳見P.40)

ⓒ 銀行營業時間：週一～五07:30～11:30，13:30～15:30；週六08:00～12:00

★ 越南小檔案 13

治安 | 夜晚儘量不要落單

大都市有時會有扒竊及飛車搶奪事件，最好不要帶貴重手飾，貴重物品可鎖在旅館內。晚間外出儘量不要落單獨行，不過一般來講，越南治安仍算良好，不須太過擔心。

⁉️ 如何看懂地址

越南的商店，門口招牌一定會有地址，依序為號碼——街名——區——城市。

235 Dong Khoi Street,
號碼　　　　　　街名

District 1, Hochiminh City
區(或簡寫為Q)　　　　城市

地址寫法

Địa chỉ: 35 Hàng Bông - Hà Nội
Điện thoại: (04) 3825 0847

★ 越南小檔案 14

交通 | 摩托車王國

越南有鐵路、公路幹線貫通南北，全國鐵路約3,200公里。北部有鐵路、公路與中國大陸相連，西部、南部有公路及水路通往寮國、柬埔寨。國內飛機主要為越南航空及平價航空：越捷航空、捷星航空、最新的越竹航空Bamboo Airways。長途巴士(大部分為臥鋪巴士)是最普遍且便宜的交通工具。

當地人主要以摩托車代步，人力三輪車現只有觀光客會搭。城市的計程車相當普遍，可多利用Grab叫車，胡志明市及河內也正積極建設捷運。

▲人力車已逐漸消失

★ 越南小檔案 15

旅遊業 | 旅遊配套日趨完善

越南旅遊業發展蓬勃，境內各種類型的旅館林立，各城市幾乎都有個背包客棧。歐美自助旅行者也相當多，而且旅遊配套很完善，在旅館櫃檯或各旅行社，便可訂購當地旅遊行程及機票、巴士、火車票、包車。

 小費怎麼給

旅館床頭小費及搬運行李的小費，可給2萬越幣，或1～2元美金。

按摩則視服務好壞，可依價錢的10%抓個整數。

★ 越南小檔案 16

越南印象 | 你也知道的越南電影與名人

電影及書籍

- ●《早安越南》
- ●《Last Night I Dreamed of Peace》
- ●《沉靜的美國人》(The Quiet American)
- ●《印度支那》(Indochina)
- ●《情人》(L' Amant)梁家輝與珍瑪琪主演
- ●《三輪車夫》(Cyclo)梁朝偉主演

百老匯歌舞劇

- ●《西貢小姐》(Miss Saigon)

名人

- ● **葛林(Graham Greene)：**英國記者，曾擔任英國情報局情報員，擅長運用文字說故事，著作跨及小說、劇作、童書、散文遊記。在越南時，遊走於各國貴婦、名媛之間，一點一滴累積成《沉靜的美國人》小說中的場景。要到越南旅行者，相當推薦閱讀此書，當你拜訪書中場景時，或許能暫時回到那古老的年代，感受紛亂年華的浪漫。

- ● **越南民歌之父鄭公山(Trinh Cong Son)：**才華洋溢的鄭公山，沒受過正規音樂教育，但他以真切的反戰歌曲，讓愛、土地與和平之聲傳遍越南。2001年逝世時，數千名民眾自動前來送葬，可說是自越南國父胡志明逝世後最大的陣仗。

- ● **鄧泰山 (Đặng Thái Sơn)：**出身於河內的鋼琴家，他指尖下的蕭邦，最為人所著迷。他同時也是經歷過越戰的音樂家，戰時躲到山裡，仍努力不懈地就著防空洞裡的一台破琴練習。後來被莫斯科來訪的音樂家發掘，才前往莫斯科正式學習音樂，之後更一舉獲得蕭邦大賽冠軍。對於鄧泰山來說：「此生只想單純做一件事，就是把鋼琴彈好。如果有人喜歡我的演奏，從中得到感動與喜悅，那就是我最快樂的事了。」

應用越南文ABC

字母發音

- **拼音讀法**：越語字母共有29個，其中包括12個母音及17個子音，另外還有11個複子音。
- **母音**：Aa、Ăă、Ââ、Ee、Êê、Ii、Oo、Ôô、Ơơ、Uu、Ưư、Yy
- **子音**：Bb、Cc、Dd、Đđ、Gg、Hh、Kk、Ll、Mm、Pp、Nn、Qq、Rr、Ss、Tt、Vv、Xx
- **複子音**：是由兩個子音拼成，共有11個，但GI和QU除外。另外還有一個是由三個子音構成。CHch、GHgh、GIgi、KHkh、NGng、NGHngh、NHnh、PHph、QUqu、THth、TRtr
- 越南語本身並沒有「F」、「J」、「W」、「Z」，除非是外來語。「W」有時會用為縮寫，來代替「Ư」。除此以外，在非正式寫作中，「W」、「F」、「J」有時用來代替「QU」、「PH」、「GI」。

應用單字

0／Không	週三／Thứ Tư
1／Một(mote)	週四／Thứ Năm
2／Hai(hi)	週五／Thứ Sáu
3／Ba(bah)	週六／Thứ Bảy
4／Bốn(bone)	週日／Chủ Nhật
5／Năm(nam)	今天／Hôm nay
6／Sáu(sow)	昨天／Hôm qua
7／Bảy(bye)	明天／Nga'y mai
8／Tám(tam)	農曆年／Tết
9／Chin(chin)	我／To'i
10／Mười(moo-ee)	你(男性)／Anh
11／Mười một	你(女性)／Chi
20／Hai Mươi	你(晚輩)／Em
21／Hai Mươi Mốt	他／Anh ấy
30／Ba Mươi	她／Cô ấy
百／Một Trăm	他們／Họ
千／Nghìn	我們／Chúng ta
萬／Mười Nghìn	男性／Nam
十萬／Một Trăm Nghìn	女性／Nu
百萬／Một Triệu	是／Có, vâng, đúng vậy, ừ
分／Phút	不是／không
時／Giờ	哪裡／Da'u
日／Ngày	什麼／Cái gì
週／Tuần	喜歡／Thích
月／Tháng	想要／Muốn
年／Năm	好／Tốt
週一／Thứ Hai	壞／xấu
週二／Thứ Ba	普通／bình thường

實用會話

您好(尊敬地問候陌生人或長輩)
xin chào

你好 (見面問候或離開道再見都可用)
Chào anh (向男性說)、Chào chị (向女性說)
Á-Iô! (電話問候)

謝謝(感恩)／不客氣
Ca'm on／Không có gì

歡迎光臨
Hoan nghênh／Được tiếp đãi ân cần

真高興見到您
Hân hạnh gặp ông.

你好嗎？
(Anh／Chị) khỏe không?

我很好，謝謝。你呢？
Khoẻ, cám ơn. Bạn thì sao?

早安／午安／晚安
Chào buổi sáng／Xin chào／Chúc ngủ ngon

晚上好
Chào buổi tối

明天見
Hen ga'p anh nga'y mai.

再見／(向男性說)／(向女性說)
Tam bie't (Huy)／Chào anh／Chào chị

抱歉／沒關係
Xin lỗi／Không sao

祝你好運／好久不見
Chúc may mắn!／Lâu quá không gặp

你是哪裡人？
Ông từ đâu đến?

我的名字是＿＿＿＿
Ten toi la＿＿＿＿(tain toy la)

你會說越南話嗎？
Bạn có nói tiếng Việt không?

我不懂
Tôi không hiểu

是的，一點點
Có, chỉ một chút

請幫我寫下來
Làm ơn viết nó ra!

我愛你
Tôi yêu bạn!

行前準備
Preparation

出發前，要預做哪些準備？

自助旅行越南其實並不難，只要出發前先辦好下列這些事項，其他事情到旅遊配套完善的越南，
都可水到渠成，輕鬆遊越南。

行前準備時間表

出發前，按部就班完成這些事吧！

至少3週前

- [ ] 排定大略行程(如北、中、南越或全越，決定進出城市，以便買機票)
- [ ] 準備護照(約4個工作天)→P.33
- [ ] 購買機票→P.36
- [ ] 蒐集旅遊資訊→P.32
- [ ] 搜尋旅館資訊、下龍灣遊船→P.82、P.128

至少2週前

- [ ] 排定當地詳細行程，預訂國內機票(火車及巴士、當地行程都可到當地購買)→P.38
- [ ] 申請簽證(約5個工作天)或線上申請電子落地簽證(1～2日)→P.34

*線上申請務必列印出來並準備25美元的簽證費

1週前

- [ ] 換少額越幣或美金(25美金落地簽證費)或線上換匯到機場領外幣→P.38
- [ ] 申辦保險，或到機場臨櫃辦理→P.35
- [ ] 至少預訂第一個晚上的旅館；或查詢該城市背包客區位置，抵達當地再找→P.74
- [ ] 了解當地特殊文化及常見安全問題或陷阱→P.186

出發當天

檢查是否攜帶：
- [ ] 護照
- [ ] 簽證及備用大頭照
- [ ] 機票檔案或列印紙本
- [ ] 美金、台幣、越幣(建議到當地機場兌換)
- [ ] 手機　　　　[ ] 相機
- [ ] 電池　　　　[ ] 充電器
- [ ] 信用卡 × 2
- [ ] 開放海外提款功能的提款卡 × 2

3天前

- [ ] 打包行李→P.41
- [ ] 確定機場到旅館或市區的交通→P.53
- [ ] 了解該城市的市區交通→P.56
- [ ] 了解該城市的大略地理位置(如機場到市區、市區主要景點到旅館)
- [ ] 準備足夠的台幣到當地換匯

旅遊行程規畫

出發前先了解當地季節與氣候，收集資訊，有助你擬定旅遊日期與造訪城市。

旅遊季節
Traveling in Vietnam

越南地形狹長，中、南、北氣候大不同，如8月時，胡志明市雨後天氣涼爽舒適，河內卻相當濕熱，中部沿岸的峴港、會安地區，則十分炎熱。

何時最適合拜訪越南

全越：最適合旅遊的時間為12～3月，北越可能較冷，但至少中、南越氣候較舒適，也適合玩水。

南越：最適合旅遊的時間為12～1月。全年只分乾季及雨季，全年常熱。

5～11月是南越的雨季，多是下短暫的午後雷陣雨，但風雨較大時，不宜從事海上活動；湄公河三角洲地區較會淹水。6～8月降雨量最大。

12～4月則是南越的乾季，適合旅遊，跟泰國曼谷地區較為相似。12～1月較為涼爽乾燥，2、3月逐漸炎熱。4～5月是最熱的季節，一定要做好防曬。

中越：最適合旅遊的時間為2～5月。

沿岸地區10～2月是雨季。芽莊的雨季較短些，為11～12月，北邊的峴港、會安、順化則較長，為9～2月，主要降雨集中在9～12月。

這時算是旅遊淡季，旅館價錢便宜許多。

6～8月是最炎熱的季節，7～9月許多北越人會到

⁉️ 實用手機App下載

● **TripAdvisor**：下載各城市資料，可離線查詢該城市餐廳、旅館、景點、行程資訊。(但要考量到西方人的喜好跟東方人有點不同)

● **Google Map**：可用來查路線、點對點的交通時間及大眾交通搭乘方式、規畫行程，還可點選所在位置周圍的餐廳、商店、景點看評價。

● **Agoda或自己慣用旅館預訂程式**：抵達當地後可查詢旅館及預訂。

中南越的濱海度假，房價較高。這段時間最推薦前往中部高原地區避暑，如大勒。

中部高原地區雨季是5～10月，山區的交通比較難預測，打算騎摩托車環越者，應特別注意路況。

北越：最適合旅遊的季節是10～12月，四季較為分明，有點像台灣的氣候。

10～12月氣候溫和乾燥，1～2月寒流來時，相當寒冷，若計畫到Sapa山區，應注意保暖，高山地區偶爾會下雪。

3月之後天氣又開始變暖，最熱的時間是5～8月，可能飆到40度高溫，這段時間也是北越的雨季，河內的濕熱程度，可一點也不輸台灣。

蒐集旅遊資訊
Traveling in Vietnam

實用旅遊網站推薦

越南觀光局

越南觀光局網站,有中文介紹的介面。

http www.vietnam-tourism.com

越南旅遊網站

提供各城市介紹、旅館、實用旅遊用語、航班及實用資訊。

http www.vietnam-travel.org

越南英文新聞報

http www.intellasia.net

http english.thesaigontimes.vn

點點越南

提供越南生活文化及旅遊方面的實用資訊。

http click-vietnam.com

便宜機票聯合搜尋網站

只要點選出發國家及目的地國家、城市,就可查詢這條航線的所有航班,直接點選到各航空公司比價。

http www.whichbudget.com 或 www.google.com/flights

前進越南

居住在越南的各種生活資訊、台越婚姻、旅遊資訊論壇。

http www.seeviet.net

早安越南論壇

越南相關訊息及討論區。

http www.abubook.com

背包客棧

最實用的中文背包客旅遊資訊網,可找到豐富的旅遊分享文,論壇則可以找到最即時的訊息。另也提供機票比價及旅館預訂服務。PTT越南版也有類似功能。

http www.backpackers.com.tw

跟團與自助旅行的優缺點比較表

	優點	缺點
跟團	1. 適合時間較短的遊客 2. 所有行程及交通都安排妥當 3. 有導遊介紹各景點,投宿旅館通常是4~5星級,適合不習慣住便宜旅館的旅客 4. 可認識同團夥伴	1. 自己逛街、嘗試不同美食的時間較少 2. 行程固定,可能無法到自己想去的地方或在喜歡的地方待久一點 3. 會帶到可抽佣金的商店 4. 吃中國餐廳的機會較多 5. 自由時間太少,較無法深入體驗當地生活文化
機+酒自由行	1. 含機票及酒店,適合想住好一點,但又想自行安排行程者 2. 除了行程中包含的住宿天數外,若想延長停留時間(但不可超過機票有效日期),可自行找其他住宿或在原旅館續住。有些機+酒行程還會贈送機場接送或半天導覽行程等	1. 得自己花時間安排行程 2. 住宿需先預訂好,所以較沒辦法隨性更改事先訂好的行程 3. 住宿地點大部分為連鎖或商務型旅館,較少特殊住宿體驗
全程自由行	1. 適合旅遊時間較長,想到不同城市、國家或較特殊景點、主題行程者。可盡情安排自己想玩、想吃的行程,享受「計畫是用來改變」的自由 2. 與其他旅行者交流的機會較多 3. 較可跟當地人交流,深入體驗當地生活,像是可以自己到市場買食物回青年旅館或民宿煮飯	1. 全部都得自己來,需花較長時間做行前規畫 2. 若遇到危險或意外狀況時,需要自己處理,但同時也是訓練自己應變能力的機會 3. 若想住4~5星級旅館,除非有特惠價,否則會比跟團還貴

製表/吳靜雯

行前準備

旅行證件申辦

備好有效護照及簽證就可準備出發囉！

申辦護照

Traveling in Vietnam

　　尚未申請護照或者護照有效期限少於6個月者，可到外交部領事局辦理，需備文件包括：

❶ 申請書：填寫普通護照申請書1份。

❷ 申請書附上2張照片：照片須是最近6個月內所拍攝的彩色光面正面半身照片(請告知照相館為辦護照用)。

❸ 國民身分證正本：14歲以下還未申請身分證者，須出示戶口名簿正本或是最近3個月內申請的戶籍謄本正本。

❹ 男性兵役：接近役齡男性國民(年滿15歲翌年的1月1日起)及已達服役年齡期限內之男性國民(年滿18歲翌年的1月1日起至年滿36歲那一年的12月31日止)，以及國軍人員、服替代役人員在申請護照以前，必須將相關的兵役證件原件先送到內政部或國防部派駐在領務局的專櫃人員處蓋好兵役戳記(還沒有服兵役的男性國民不需要繳驗證件，可以直接請求加蓋兵役戳記)。

❺ 未年滿20歲的未成年人：須由其父或母或監護人在護照申請書背面親自簽名表示同意，並將身分證影印本黏貼在申請書背面。

❻ 申請人首次申請護照：無外文姓名者，應以中文姓名之國語讀音逐字音譯為英文字母；若已有英

文字母拼寫之外文姓名，應繳交相關證明文件(例如我國政府或外國政府核發之外文身分證明或正式文件，國內、外醫院核發之出生證明等)。

❼ 費用：新台幣1,300元，約需4個工作天。

護照這裡辦

■ 外交部領事事務局(台北)
✉ 台北市濟南路一段2之2號，中央聯合辦公大樓3～5樓
☎ (02)2343-2807～8
🕐 週一～五08:30～17:00(中午不休息)

■ 外交部中部辦事處(台中)
✉ 台中市黎明路二段503號1樓，「行政院中部聯合服務中心」廉明樓
☎ (04)2251-0799

■ 外交部雲嘉南辦事處(嘉義)
✉ 嘉義市東區吳鳳北路184號2樓之1
☎ (05)-225-1567

■ 外交部南部辦事處(高雄)
✉ 高雄市苓雅區政南街6號3樓
☎ (07)715-6600

■ 外交部東部辦事處(花蓮)
✉ 花蓮市中山路371號6樓
☎ (03)833-1041

＊辦理10天前可至外交部網站預約申辦護照時間。

＊以上資料時有異動，以官方最新公告為準。

申辦簽證
Traveling in Vietnam

到越南需辦理簽證，一般為2～3個工作天，簽證種類有：

觀光旅遊：一個月單次進出，新台幣1,850元，速件加400元，依據個人的停留時間及進出越南次數辦理簽證(費用各異)。

商務簽證：若為商務工作則須辦理商務簽證。

■ 需備文件：

❶ 護照正本：中華民國護照正本(須為返國日算起6個月以上有效的護照)；辦簽證時檢查完就可取回，不需放在那裡。

❷ 身分證影本：身分證正反面影本1份

❸ 照片：6個月內2吋彩色白底近照2張

❹ 申請表格：可掃瞄右邊QR Code。

電子落地簽證

以往需透過旅行社或親至辦事處辦理簽證，但現在可上網辦理，在簽證代辦網站填寫好資料並支付小額服務費，即可取得電子郵寄的簽證核可信，抵達後至落地簽證辦理處，繳交證件及簽證費，即可取得正式簽證入境。

■ 電子簽證費用 (Stamping Fee)：

一個月單次及多次簽25美金、3個月單次及多次簽50美金。抵達當地繳交給落地簽櫃檯。建議準備好整數。櫃檯雖會找零，但可能部分是美金，部分則是越幣(匯率可能會較差)。

■ 申請必備證件：

❶ 6個月以上有效護照

❷ 1年內照片2張

❸ 申請書

❹ 簽證費用

簽證這裡辦

■ 駐台北越南經濟文化辦事處

✉ 台北市松江路65號3樓

☎ (02)2516-6626

＊以上資料時有異動，以官方最新公告為準。

線上代辦電子簽證申辦教學

http 手續費最便宜：www.vietnamvisacheap.net

http 沒申請成功者，可退費：www.visa-vietnam.org

Step 1 ### 選擇 Type of Visa 簽證類型

1個月或3個月多次簽 (Multiple) 或單次簽 (Single) 及作業時間，一般 (Normal) 是2～3個工作天，另外也有8小時、4小時、假日非上班時間的快速簽。

Step 2 ### 填寫個人資料

打星號的欄位必填，特別要確定姓名(與護照名稱相同)及護照號碼，Email要填寫正確(收簽證核可書)、Date of Arrival 為抵達日期(簽證有效日期)。

付款

Step

接受Visa、Master等常見信用卡及Paypal線上付款。確認資料無誤後送出，付款完成後便會收到付款通知書。

列印核可書

Step

核可後會收到電子簽證核可書，務必列印出來，夾在護照上；辦理登機時，航空公司服務人員須查看核可書。

＊核可書的PDF會列出當次辦理的所有人名稱、國籍、護照號碼，介意者，可勾選「Privacy」加價個別寄送核可書。

抵達後如何辦理落地簽證

❶ 出國前可印出簽證核可書，也可先上網下載落地簽證申請書(可掃描 P.34 的QR Code下載)，填寫完整，抵達後直接至窗口遞件。機場落地簽證辦理處也提供申請書，可抵達後再填寫。申請書中英文對照表請參見P.50。

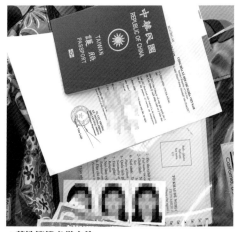

▲落地簽證必備文件

❷ 抵達越南機場後，前往落地簽證辦理處(依Landing Visa指標走)。

❸ 繳交護照、填寫好的申請書(記得填寫住宿地址)、簽證核可書、照片 2 張、25 美金。

❹ 等候叫名，繳交簽證費並取回護照(記得檢查護照裡的簽證名字及日期是否正確)。

❺ 排隊檢查護照入境。

⁉ 免簽證優惠

富國島規畫為經濟特區，若只前往富國島觀光，不停留其他城市，可享免簽證優惠。

自96年9月1日起我國人之越南籍配偶，倘依法已取得我國身分證及護照，則其本人、配偶(我國國民)及婚生子女，可持效期在6個月以上之我國護照，向越南駐台代表處申請「免簽證證書」，憑該證書可於效期內多次入境越南，每次停留期限不得超過90天。

辦理旅遊保險
Traveling in Vietnam

購買機票或各種交通票券，建議使用自己的信用卡購票，台灣的信用卡均已保旅遊平安險。另可在出國前事先辦理意外旅遊險，在機場也有各家保險公司可立即辦理。費用依據旅遊天數而定。

如何選購機票

善用國內航空節省旅遊時間。

機票與航空公司
Traveling in Vietnam

　　大部分國際航線降落在胡志明市及河內，一般航空公司包括越南航空、中華航空、長榮航空、國泰航空(香港轉機)、泰國航空(曼谷轉機)、新加坡航空(新加坡轉機)。網路上常有1個月促銷票及越南人票(註)。

＊註：越南人票，限越南出生地國籍適用，可攜帶其配偶、子女亦可使用此票價，若配偶及子女無法與越南人同進出，請附上相關文件(結婚證書影本或是戶口名簿影本)至機場，機場抽查檢驗，若不符合航空公司有權拒絕乘客登機。另還有多家票價較便宜的平價航空。

台灣飛越南的航空公司

航空公司	停靠機場
星宇航空JX	每天兩班桃園直飛峴港。
越南航空VN	直飛胡志明市及河內，每天早班機一班。
長榮航空BR	直飛胡志明市及河內、峴港，每天有兩個班次。
中華航空CI	直飛胡志明市及河內，每天早、午有兩個班次。
華信航空AE	提供台中出發的河內及胡志明市航線。

＊以上資料時有異動，以官方最新公告為準。

廉價航空公司航線

＊以下資料時有異動，以官方最新公告為準。

航空公司	航線服務
越捷航空 VietJet	提供桃園、高雄、台中及台南——胡志明市；桃園、高雄——河內的航線。 http www.vietjetair.com
越竹航空 Bamboo Airways	台北——峴港、胡志明市、下龍、芽莊、河內。 http www.bambooairways.com
捷星航空 Jetstar	提供台北——峴港的直飛航線。 http www.jetstar.com

廉價航空訂票步驟教學

以越捷航空為例，教大家如何訂廉價航空機票。

Step 1 選擇目的地、日期、人數。

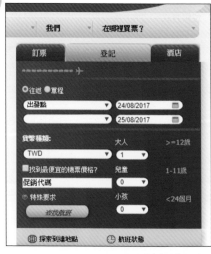

Step 2 選擇票價

Promo、Eco、Skyboss 的票價限制不同，點選該票價就會彈出說明框。加稅後的總價應看旁邊的黃框。(最後付款時還會加手續費 200 元台幣／每趟)

Step 3 填寫乘客聯絡資料

Step 4 不需選擇座位者，點選「不用，謝了」。

Step 5 加購行李託運、餐點及保險

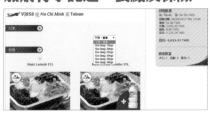

Step 6 確認費用是否正確

尤其是有沒有自己不需要的加購費用。確定後填寫付款資訊，接著按「繼續」，即會收到電子機票。完成付款。

＊出發前一天，航空公司通常會再發一封航班時間更改的信件，若附件的航班時間不變，表示該班機依原定時間起飛。廉價航空常因故延遲，出發前建議先上機場網站查詢起飛航班即時資訊。

一般航空與廉價航空比較表

	一般航空	廉價航空
票價	較貴，來回票比單程票還要划算。	不一定比較便宜，訂到特價票，價差才會較大。
買票方式	可透過旅行社、電話或網路購買，記得到官方網站比較。旅行社會將電子機票列印出來給旅客(電話或網路訂票會e-mail到電子信箱)。到機場出示機票及護照即可。	旅客需自行列印或儲存在智慧型裝置，到機場後只要出示電子機票及護照即可(若忘了列印，只要告知訂位代號，出示護照)。
付費方式	信用卡、傳真刷卡(填好旅行社傳過來的刷卡授權單，再回傳即可)、現金、匯款。	通常只接受網路信用卡。以信用卡線上付費時，每次訂購都會加一筆刷卡手續費，建議將想加購的項目一次訂好。
機票限制	可免費更改日期，除非是特優惠的限制票種，購票時請務必詢問清楚更改日期、航線的限制條件。	不可更改日期或退換票，除非購買的是較貴的Flex彈性票。若要更改使用人的話，也要另外付費。行李、機上餐飲、選座位都須另外付費。
隨身行李	最多7～10公斤，可手拿1～2件隨身行李，體積不可超過56×45×25公分。	只能攜帶7公斤不收費的隨身行李上機，其他任何需要託運的行李都要收費。網路訂票時若知道自己的行李會超過7公斤，在網路上加購行李價，會比到機場時付費還要便宜很多。
託運行李	經濟艙20公斤；商務艙30公斤；行李超重通常是新台幣200元/公斤。	尺寸不超過119 x 119 x 81公分。託運重量可選擇 15、25 至 40 公斤，費用約為新台幣470～1,200 元。
餐飲	提供免費的餐飲，而且會提供該航線的特色餐飲。	所有餐飲都需另外付費。提供簡餐、泡麵、輕食、零食，有些餐點其實還滿好吃的。

＊以上資料時有異動，以官方最新公告為準。

製表／吳靜雯

旅費及匯兌攻略

越南幣值很大，旅費要怎麼帶比較好呢？要準備多少錢才夠？

如何預備旅費？

Traveling in Vietnam

越南幣 + 美金 + 台幣 + 信用卡2張 + 金融卡

■越南幣：

出國前先在台灣換3～5千新台幣左右的越幣，方便抵達後直接搭當地交通工具到市區。越南當地匯率較好，可抵越南機場後，再以美金兌換越幣。餐廳、小吃店、小額付款大部分只接受越幣。

■美金：

越南當地以越幣交易為主。胡志明市及河內等大都市，可找到接受新台幣的換匯處，但中小型城市則較少，建議換些美金備用。

■台幣：

胡志明市、河內這類的大城市，可在銀樓或部分私人匯兌處換越幣。

■信用卡：

信用卡越來越普遍，但有些小規模旅館會要求刷卡多收3%的手續費。記得帶兩張，分開放，以免一張有問題無法刷卡或遺失。

■金融卡：

出國前務必先開通海外提款功能，並設定密碼，就可在當地的ATM提款機直接提領越幣。ATM各大城小鎮都相當普遍，無法換匯的小鄉鎮，可透過ATM提款。

貨幣使用小提醒

越南標示金額的方式

最常用到的越南幣值是1萬、2萬、5萬、50萬元。由於越幣的數字大，所以越南人習慣寫千前面的數字，例如一萬二千：12,000，他們會寫成12，就是12千的意思，跟英文的數字說法一樣，以「千」計，而不是中文習慣的「萬」。許多遊客一開始時都會搞不清楚，可別多付了一個零的價錢。

如何預估旅費預算？

Traveling in Vietnam

雖然最近幾年越南消費漲了不少，但整體來講，越南旅行費用還不算貴，住宿費用尤其合理，交通費也是。一天三餐及交通等基本消費，可抓500～750台幣(或更省)。

越南消費參考表

早餐	約3～5美金(越幣2～5萬)
午餐	約5美金(越幣10萬)
晚餐	約10美金(越幣15萬)
門票	約2～5美金(越幣5萬)
當地行程	當地當日行程約10美金起
市區交通	約5美金：公車一趟越幣7,000、計程車越幣12,000起跳
水	越幣5,000起
咖啡	傳統咖啡館1萬2～2萬，新潮咖啡館5萬起
長途交通	一趟約15～30美金
住宿	30美金(各等級住宿費請參考P.83)

行前準備

哪裡換匯最划算？

Traveling in Vietnam

越南的私人匯兌處很普遍，機場、市區、銀行均可換匯。雖然機場的匯率也不錯，但一般來講銀樓的匯率最好。只要看到Exchange的字樣或櫥窗默默放著外幣鈔票，就可換匯。若持國際銀行且開通海外提款功能的提款卡，在該地分行提款機提款，有些還可免手續費。

推薦換匯處：胡志明市濱城市場周區的銀樓及Sheraton旅館側面的換匯所135 Đồng Khởi、河內的金蘭銀樓（Kim Lan，位於老城區Hang Bong及Ly Quoc Su交接口）。

◀ 部分銀行提供當地分行ATM提款免手續費的國際提款優惠，出國前可先詢問銀行相關資訊

旅行支票

Traveling in Vietnam

旅行支票雖然是一種較為安全的貨幣，但在越南使用並不是很方便，需要先到銀行兌換現金才可使用，並且需要另外收3美金的手續費。

如何使用旅行支票

買旅行支票後，就立刻在上款簽下與護照相同的簽名，等到要使用、兌換時才在下款簽名。

上款簽名處

下款簽名處

信用卡

Traveling in Vietnam

只有較具規模的商店、餐廳或旅館才接受信用卡，有些商店使用信用卡時還會加收2～3%的手續費。建議也可申請信用卡預借現金，當其他金融卡都無法使用、也沒有現金時，可以當作備用的提錢方式（但預借現金服務利息高，請謹慎使用）。

ATM提款機領款

Traveling in Vietnam

這是較安全的錢幣攜帶方式，只要在台灣的銀行開通國際提款功能，並設定好4位數字的磁條密碼，即可在當地的提款機提領越幣，匯率通常不差，但需加手續費及國際清算費，且因直接由台幣帳戶扣款，還須承擔較高的匯差。在安全方便與手續費之間，就看個人如何取捨了（這種方式相當適合旅行時間較長者）。

ATM提款機幾乎是隨處可見，大部分都提供國際金融卡提款服務，幾乎都可使用這些卡片聯盟提領（請看自己的提款卡背面）：VISA、MASTER-CARD、CIRRUS、PLUS、MAESTRO、JCB、DINERS CLUB。每次提款最高金額為越幣2百萬。每間銀行的手續費不同，約越幣4萬起。提款過程中，提款機會顯示手續費是多少，若覺得太高可以取消，到別家銀行的提款機比較手續費。有些銀行只要存款金額達一定程度，透過當地分行的提款機提款，不需收手續費（如花旗或匯豐這類的國際銀行）。

金融卡海外救援電話小提醒

記得一定要將信用卡、金融卡、旅行支票的海外緊急救援電話記下來，不慎遺失時，可在第一時間辦理掛失。

ATM 跨國提款步驟說明

Step 1 要先看該提款機上有沒有跟你的提款卡背面一樣的標誌

提款標誌看這裡

Step 2 插入卡片

提款卡插入口

Step 3 選擇英文或越文

Chọn ngôn ngữ
Select Language
英文按這裡 English
越文按這裡 Tiếng Việt

Step 4 輸入 4 位磁條密碼

Please input PIN
密碼確認後按這裡 OK
重新輸入按這裡 Clear

Step 5 選擇 Withdraw 提款

Please select transaction
提款按這裡 Withdrawal
餘額查詢按這裡 Balance Inquiry
Mini-statement

Step 6 顯示國際提款將收取的手續費，如要繼續請按 Yes，否則請按 No

Cash advance fee is 2% (not including VAT) on amount of transaction
Do you agree?
按這裡繼續 Yes
No

Step 7 從哪個帳戶提款，一般選擇 Current Acc. 現金帳戶

Select account type
Please select type of source account!
活期存款帳戶 Current Acc.
支票帳戶 Checking Acc.
信用卡帳戶 Credit Card Acc.
存款帳戶 Savings Acc.

Step 8 選擇提款金額 (數字很大，請先想清楚要領幾百萬或幾千萬)

Select amount of money
The amount is in VND
2,000,000
其他金額按這裡 Other
Cancel

ATM明細表出口
RECEIPT
CARD
卡片插入口

Step 9 領取現金

Step 10 領取收據

出發前行李準備

教你行李打包術。還有穿衣建議、攜帶的旅行箱及背包怎麼選，都關係旅行的舒適度喔！

穿衣建議

Traveling in Vietnam

北越冬天時記得帶外套及毛衣，尤其是寒流時。

吸汗透氣的長袖襯衫

隨身包：郊區可背方便攜帶的防水束口背包，可背防搶的斜肩包，外出購物也可將束口背包帶出裝戰利品，不用兩手提著大包小包

七分褲：下雨褲管不會溼，天冷又不會太涼，最好有多個口袋，一邊可放手機、一邊放相機，方便取用

這種防水透氣涼鞋最好用，前包鞋可避免腳受傷

防水透氣運動涼鞋

東南亞城市旅行最佳戰鬥服

若只計畫到城市旅行，不會從事太多野外活動，女性可帶(或當地購買)這種實穿的洋裝：
1.輕 2.易乾 3.有口袋 4.領口及袖口不過低，不須穿內搭衣。

行李打包

Traveling in Vietnam

一般經濟艙的行李重量是20公斤，商務艙則為30公斤。超出1～2公斤，航空公司通常可通融。不過若是超出太多的話，地勤人員會要求你先拿單子去付超重費，然後再回到登機櫃檯辦完登機手續。或者也可攜帶可上機的摺疊式袋子，將一些東西放進隨身行李中。

要特別注意：水、超過100毫升的液裝瓶及危險物品不可帶上機；隨身行李尺寸規定：不可大於56公分×36公分×23公分；鋰電池一定要放在隨身行李，不可放託運行李。

如何準備行李箱

越南人行道障礙多(攤販、雨季易積水)，拖著行李相當不便。若能將行李箱控制在7公斤以內，輕裝旅行最理想。可攜帶一個斜肩包放重要物品＋一個後背包＋一個備用摺疊袋。

行李箱：附輪子跟拉把的行李箱，用來裝衣物，及旅途買的戰利品。雖然加輪子跟拉把會多個2公斤左右，但是路況良好時可放下行李用拉的，節省力氣，上下車時則可背起行囊，行動方便。如果體力夠的話，背大背包是機動性最高的方式。大的行李箱雖然拖起來比較輕鬆，但對於移動較頻繁者，仍顯笨重、不方便行動。

後背式背包：在越南境內旅遊時，可將大行李箱寄放在旅館，如要到附近的小城市過夜或1日遊，可用此背包裝一些隨身衣物。

斜肩包：隨身攜帶貴重物品，有拉鍊及內袋較為安全，另外也要考慮到方便拿放旅遊書或手機、地圖等功能性。旅途中，拿放手機或旅遊書應該是最頻繁的動作。

▲斜肩包：在大城市建議背這種斜肩隨身包，避免機車搶劫，裡面最好有拉鍊的內袋可放重要物品

▲後背包機動性最佳

◀小盥洗包：牙刷、牙膏、洗髮、小肥皂、保養品、化妝品、卸妝棉、梳子（若要直接帶上機，記得每瓶液體不可超過100ml，全部不可超過1,000ml）

▶另外攜帶一個輕便的大袋子，方便購物時裝戰利品，後背較省力

帶著7公斤可登機行李到越南旅行

▼斜肩隨身包：放帽子、墨鏡、相機及電池、手機及3C用品、行動電源、防蚊液、旅遊書及筆、護唇膏、圍巾或薄外套、面紙及濕紙巾。另外，護照證件及錢包放斜肩包內有拉鍊的內袋。

*錢包不建議帶長夾，最好是可一手掌握的小錢包。

▲後背包：攜帶簡單的盥洗衣物、穿一雙鞋子及帶一雙拖鞋，輕裝旅行越南才是王道！

應用越南文ABC

實用會話

哪裡可以換錢？
Tôi có thể đi đổi tiền ở đâu?

可以跟你換錢嗎？
Đổi tiền cho tôi được không?

哪裡可以換旅行支票？
Tôi có thể đổi séc du lịch ở đâu?

可以換旅行支票嗎？
Có thể đổi séc du lịch cho tôi được không?

匯率是多少？
Tỷ giá là bao nhiêu?

哪裡有自動提款機？
Máy rút tiền (ATM) ở đâu?

行前預辦事項表

√ 物品	說明
護照	需6個月以上有效的護照，辦理新護照約需3～4個工作天
簽證	需3天以上的辦證時間，線上申請則需1～2個工作天
護照簽證影本	備份文件與正本分開放，另外可用數位相機或手機拍照備份，需要看護照時，直接看照片即可
機票	若是電子機票，只要印出或記下預訂號碼即可
換美金及越幣	記得換些小額越幣，再換幾張大額美金到越南換越南幣，因為大額美金的匯率會比較好
國際駕照	可到監理所辦理，馬上即可領取
開通國際提款功能	設定4位數字磁條密碼
開通手機國際漫遊功能	建議關掉語音信箱功能，另也可先在台灣購買越南SIM卡
保險	可在機場保險公司櫃檯購買或訂購機票時加購

行李檢查表

√ 物品	說明
隨身行李	
護照	記得影印分開放好，一份留給家人，或者也可翻拍寄到自己的E-mail帳號備份
機票或電子機票影本	電子機票存在智慧型裝置
相片×4	在當地辦理證件或延簽備用
錢(美金、越幣、台幣)	在台灣可先換美金，抵達機場先換一些越南幣以便搭乘交通工具用；市區各處或旅館都可找到銀行或兌換處
提款卡	建議開通國際提款功能，越南為4位數字的磁條密碼
信用卡	也可開通預借現金功能備用，利息很高。建議帶兩張卡，以備不時之需
相機、備用電池	記得帶備用電池及記憶卡
手機、行動電源	台灣手機都可在越南使用，只要在當地購買SIM卡即可，也可當鬧鐘、計算機用
手帕或濕紙巾	也可在當地購買
太陽眼鏡	越南的陽光很強
計算機	殺價及換算匯率用(或用手機)
筆、筆記本	殺價或旅遊筆記
帽子、遮陽薄外套	當地市場也有騎車專用的薄外套
旅遊書	在機場、當地旅遊中心、旅館可拿詳細地圖
託運行李	
化妝保養品	最好攜帶較清爽、有防曬效果的
個人用品	大部分用品在當地超市都可買到
沐浴乳、洗髮精	平價旅館的洗髮精、沐浴乳品質較差，也可自己帶或到當地購買，雜貨店或超市可買到旅行用的小包裝
防曬用品	帽子、防曬乳液，也可在當地購買
蚊蟲咬傷藥品	熱帶區域蚊蟲較多，也可在當地藥局購買
藥品	視個人需要，或將藥品英文名稱寫好
隱形眼鏡及沖洗液	也可到當地購買
鞋子	適合步行，舒服、透氣的鞋子，也可到當地百貨公司購買，有些品牌因在越南設廠，價格較低
相機及手機充電備品	視個人需求帶手提電腦
雨傘	雨季時需要，當地市場、超市、小販均有售
衣服	帶2～3天的衣服即可，當地有平價的洗衣服務
備用輕便背包	最好是輕便、防水後背包
個人備註	

行前準備

機場篇
Airport

抵達機場後，如何順利入出境？

抵達河內機場或胡志明機場後，如何完成通關、辦理相關手續，並順利前往市區？
要離開越南時，如何辦理出境手續？請看本章。

認識越南機場

了解機場設施。

越南主要國際機場為北越的河內機場(Hanoi Noi Bai Airport)、中越的峴港機場(Da Nang Airport)及南越的胡志明市機場(Tan Son Nhat Airport)，從台灣飛越南的航空公司，包括越南航空、中華航空、長榮及立榮航空、星宇航空、越捷航空、捷星航空、泰國航空(曼谷轉機)。海防市(下龍灣)、順化、峴港、芽莊、大勒、富國島有小型機場，國內班機航線完整且算頻繁，國內航空公司主要為越南航空、越捷航空、捷星航空、Bamboo Airways。機場的規模都不是太大，均有公車、小巴、計程車往返市區。

河內內排機場

Hanoi Noi Bai International Airport
機場代號：HAN
距離市中心：45公里，約40～60分鐘車程
網址：www.hanoiairportonline.com
航班：長榮、中華、越捷、越南航空均提供直飛班機。

胡志明市新山一機場

Tan Son Nhat International Airport
機場代號：SGN
距離市中心：7公里，約20～30分鐘車程
網址：www.hochiminhcityairport.com
航班：目前飛往胡志明市的航班還是最多的，可先由台灣飛到此，再另外購買國內機票轉至其他城市。

機場相關標示說明

登機櫃檯號碼指標

登機門

往登機處

入境護照檢查處

國際航班抵達時間看板

出境飛航資訊看版

機場相關設施介紹
Traveling in Vietnam

　　河內及胡志明市的機場規模不大，裡面的免稅商店可買到一些國際精品及當地紀念品，如椰子油產品(面膜、護唇膏)，建議在市區先購齊所有物品。現在河內機場內還新設了膠囊旅館 VATC Sleep Pod，方便轉機旅客使用。

▲前往出境檢查及登機處

購買越南當地的SIM卡：可在機場內的電信公司櫃檯購買

匯兌：在越南機場內的銀行換幣櫃檯匯率不差，旁邊也有自動提款機

旅遊服務中心：可索取住宿資訊及地圖

航廈：峴港國際機場分為國內及國際兩個航廈，離市中心僅約15分鐘車程

特色商品：機場內香水、化妝品產品齊全，也可買到西貢小姐香水

免費網路站：越南機場均提供免費Wifi

紀念品店：機場內也可買到手工藝品、咖啡豆、及純椰子油產品

宅配服務：行李多者，從台灣出發前或抵達機場後，都可利用各家宅配公司將行李寄往機場或家裡

Lost & Found：遺失物品在機上或行李未抵達者，可到此登記請服務人員協助

如何搭飛機到越南

認識入境步驟，抵達異地不擔心。

台灣出境步驟
Traveling in Vietnam

搭乘國際航線，需2小時前抵達機場。前往機場前，請先確認飛機從第幾航廈起飛。

❶ Step 辦理登機

備好護照及電子機票檔案 (一般只需出示護照)。起飛 2 小時前開放辦理登機，起飛時間前 45 ～ 60 分鐘關閉。出發前 24 小時，也可先上網辦理登機手續及劃位。

❷ Step 託運行李

辦理登機及託運大件行李，經濟艙最高限重 20 公斤 (搭乘平價航空，託運行李另外計費)，免費手提行李為 7 公斤。

❸ Step 檢查隨身行李

水、100 毫升以上的液體及危險物品都不可帶上飛機，電腦、手機、相機須拿出放托盤上。

❹ Step 出境海關檢查

須出示護照及登機證。

通關小提醒

自動通關

國人可在機場持護照辦理自動通關，之後出國及入境都可利用自動通關通道掃描護照，快速通關，節省排隊時間。

自動查驗通關
e-gate

❺ Step 前往登機門候機

有時班機會臨時更改登機門，雖然少見，但還是要注意廣播與看板上的最新訊息。

登機門 Gates B1-B9,B1R
登機門 Gates C1-C10,C5R
餐飲及商店 Restaurant & shops

❻ Step 登機出發

有小孩或行動不方便的乘客先登機，接著是商務艙旅客，最後是經濟艙旅客 (依座位排數登機)。

入境越南手續
Traveling in Vietnam

Step 1 沿著指標走

出機門依循 Immigration(入境檢查)、Baggage Claim (提領行李) 標示走。

Step 2 入境檢查

移民局會檢查護照、簽證。需辦理落地簽證者，需先到 Landing Visa 落地簽證辦理處，取得簽證後，再排隊等候入境檢查。

辦理落地簽證小提醒

事先在網路取得落地簽證核可書者，抵達機場後，前往落地簽證辦理處(Landing Visa)，填寫落地簽證申請書，提交護照、照片兩張、簽證核可書，最後再繳交25美金(單次簽)，取得正式簽證(P.34)。

Step 3 提領行李

走過入境檢查處就會看到行李領取看板，查看電子看板上的班機號碼，到正確的行李輸送帶等候行李，行李輸送帶上方也會標示航班號碼。遺失行李者，可到行李遺失櫃檯 (Lost) 請求協助。

Step 4 出海關

若攜帶超過 US$5,000、500 克煙草需要申報。否則直接走綠色通道出去即可。一般海關不大會檢查行李，除非你的行李特別多。

Step 5 前往入境大廳

出關後的入境大廳可以找到遊客中心、銀行、租車、飯店訂房等服務。

Step 6 搭車前往目的地

依標示到計程車、公車搭乘處或其他交通工具到你的目的地。

越南簽證申請書
TỜ KHAI ĐỀ NGHỊ CẤP THỊ THỰC VIỆT NAM (1)
VIETNAMESE VISA APPLICATION FORM
(Dùng cho người nước ngoài – For foreigners)

Mẫu (Form) NA1
Ban hành kèm theo thông tư số 04 /2015/TT-BCA
ngày 03 tháng 01 năm 2015

Ảnh - photo
4x6 cm
See notes
(2)
照片

1- Họ tên (chữ in hoa): 姓名（英文大寫字母）
Full name (in capital letters)
2- Giới tính: Nam □ Nữ □　3- Sinh ngày... tháng... năm...
Sex 性別 男 Female 女　Date of birth (Day, Month, Year) 生日（日、月、年）
4- Nơi sinh:
Place of birth 出生地
5- Quốc tịch gốc: 　6- Quốc tịch hiện nay:
Nationality at birth 出生國　Current nationality 目前國籍
7- Tôn giáo: 　8- Nghề nghiệp:
Religion 宗教　Occupation 職業
9- Nơi làm việc:
Employer and business address 雇主及公司地址
10- Địa chỉ thường trú:
Permanent residential address 永久地址
Số điện thoại/Email: 電話/ 電子郵件
Telephone/Email
11- Thân nhân Family members: 家庭成員

Quan hệ (3) Relationship 關係	Họ tên (chữ in hoa) Full name (in capital letters) 全名 （英文大寫字母）	Giới tính Sex 性別	Ngày tháng năm sinh Date of birth (Day, Month, Year) 出生日期 （日、月、年）	Quốc tịch Nationality 國籍	Địa chỉ thường trú Permanent residential address 永久地址

12- Hộ chiếu/giấy tờ có giá trị đi lại quốc tế số: ....loại (4): ....
Passport or International Travel Document number 護照號碼 Type
Cơ quan cấp: .... có giá trị đến ngày: ....
Issuing authority: 發行單位　Expiry date (Day, Month, Year) 到期日（日、月、年）
13- Ngày nhập cảnh Việt Nam gần nhất (nếu có):
Date of the previous entry into Viet Nam (if any)

入境日期　　　　預計停留天數
14- Dự kiến nhập cảnh Việt Nam ngày ...../...../.....; tạm trú ở Việt Nam ....ngày
Intended date of entry (Day, Month, Year)　Intended length of stay in Viet Nam days
15- Mục đích nhập cảnh:
Purpose of entry 入境目的
16- Dự kiến địa chỉ tạm trú ở Việt Nam 在越南居住地址
Intended temporary residential address in Viet Nam
17- Cơ quan, tổ chức hoặc cá nhân tại Việt Nam mời, bảo lãnh
Hosting organisation/individual in Viet Nam 招待單位或個人
Cơ quan, tổ chức:
Name of hosting organisation 單位名稱
Địa chỉ: 地址
Address
Cá nhân (họ tên) 個人名稱
Hosting individual (full name)
Địa chỉ 地址
Address
Quan hệ với bản thân 與申請人之關係
Relationship to the applicant
18- Trẻ em dưới 14 tuổi đi cùng hộ chiếu (nếu có):
Accompanying child(ren) under 14 years old included in your passport (if any)
協同入境之14歲以下孩童

照片　照片
Ảnh - photo　Ảnh - photo
4x6 cm　4x6 cm
(under 14 years old)　(under 14 years old)
See notes　See notes
(2)　(2)

Số TT No 人數	Họ tên (chữ in hoa) Full name (in capital letters) 全名（英文大寫）	Giới tính (Sex) 性別	Ngày tháng năm sinh Date of birth 生日

19- Đề nghị cấp thị thực: một lần □ nhiều lần □
Applying for a visa 簽證類別 Single 單次 Multiple 多次
từ ngày: .... đến ngày ....
valid from (Day, Month, Year) to (Day, Month, Year) 有效日期自
20- Đề nghị khác liên quan việc cấp thị thực (nếu có): ....(日、月、年）至（日、月、年）
Other requests (if any) 其他申請事項

Tôi xin cam đoan những nội dung trên là đúng sự thật.
I declare to the best of my knowledge that all the above particulars are correct
以上所提供的資料均屬實聲明

Làm tại: .... ngày ....tháng ....năm ......
Done at　date (Day, Month, Year) 日、月、年
Người đề nghị (ký, ghi rõ họ tên)
The applicant's signature and full name
申請人簽名

▶ 落地簽證申請書中英文對照表

⁉️ 離開機場前必辦的事

❶ 換錢：走出海關，即可看到好幾家機場匯兌處，匯率還不錯，記得比價。

❷ 購買電話卡：辦理可上網的電話卡，同樣領完行李走出海關即可看到。

❸ 登記計程車或上網預訂Grab：購買電話卡的櫃檯就可登記計程車，雖然較貴一點，但也較有保障。登記欲前往的地址，付費後，持計程車券到外面，就會有人引導搭乘計程車。或者可直接到外面的計程車站，記得走到最前面搭乘綠色的Mai Linh或Vinasun，這兩家是較有保障的，否則可透過APP預訂Grab。

⁉️ 攜帶入境物品規定

免稅規定
● 22%以上的酒1.5公升和22%以下的酒2公升
● 400支香煙、100支雪茄、500公克煙草
● 外幣不超過 5,000 美金、黃金 300 公克(出境時，外幣也不可超過 5,000 美金等值的貨幣，否則應申報)
● 物品若超出免稅額度，需按照越南的法律繳納關稅(請走紅色通關走道)

禁止攜帶入境物品
● 毒品、槍械、彈藥，未經主管機關之許可，禁止攜帶入出境。
● 水產品或動植物製品，禁止攜帶入出境(乾燥、密閉罐裝、真空包裝可入境)
● 水果：全部禁止攜入

轉機步驟
Traveling in Vietnam

越南機場國際線(International)跟國內線(Domestic)的航廈大多相距不遠,若是要轉機的話可依照下列步驟:

Step 1 跟著轉機標示走

飛機抵達機場後,依轉機 (Transit) 標示走;國際線轉國內線或訂不同家航空的機票,須先持護照及簽證過護照檢查處,提領行李後,再到國內航廈辦理登機手續。

Step 2 找登機口

看電視看板上的轉機登機門。同一家航空在原出發點都已劃好位,行李也會掛到最終目的地,不需再辦理轉機登機手續。

▲國內轉機依「國內航廈 Domestic Departures」標示走

Step 3 到登機門候機

隨時注意廣播,與看板上的最新訊息。

└登機門編號

⁉ 轉機注意事項

●記得多預留轉機時間

含通關、提領行李及走到國內航廈,約需40分鐘。若是要辦電子簽證者,需再多預留20~30分鐘。到轉機櫃檯辦理登機、入關約需40分鐘。一般來說,轉機時間至少要1.5~2小時。

●訂不同航空公司機票者的轉機步驟

若訂的機票是不同航空公司的話,步驟如下:出關(尚未辦理簽證者,需先辦理落地簽證)→提領行李→到國內航廈的航空公司櫃檯辦理登機→託運行李→前往登機門登機。

▲越南國際線轉國內線一定要先出關,再到國內航廈轉機

小撇步:搭乘越南國內班機若沒有託運行李,可透過該航空公司的App辦理手機登機,憑電子登機證即可前往登機門候機

如何搭機離開越南

出境時，注意行李規定喔！

Step 1 辦理登機
先上機場官網查詢班機是否準時起飛及登機航廈。起飛前 2 小時開放辦理登機，起飛前 45～60 分鐘關閉櫃檯。辦理登機手續時，一般只要出示護照即可。

Step 2 檢查隨身行李
見本頁的「出境行李規定小提醒」。

Step 3 出境檢查
準備有效護照供移民官檢查。

Step 4 前往登機門
在起飛前前往登機門候機 (請注意登機證上的登機時間)。記得查看電子看板，有時會更改登機門。

出境行李規定小提醒

- 現金不可超過5,000美金
- 禁止攜帶1945年以前之古物出境或保育動物
- 不要幫陌生人代運行李進出越南
- 禁止攜帶危險物品及100ml以上液體

電子登機、網路登機步驟

網路登機：大部分航空公司提供旅客出發前24小時，透過網路辦理登機劃位的服務。優點是可以先選好喜歡的位置，親友可坐在一起；到機場後前往託運櫃檯託運行李即可。

▲自動報到機

電子登機：有些航空公司在機場設有電子登機台，可自己辦理登機手續，再將行李拿到電子登機櫃檯託運即可。

＊南部旅客搭高鐵到桃園站者，長榮及中華航空在此設有登機櫃檯，可先掛行李。

Steps 出境越南步驟

| 1.辦理登機 | → | 2.檢查隨身行李 | → | 3.出境檢查 | → | 4.前往登機門 |

如何從機場往返市區

往返機場有什麼交通工具可選擇呢？透過分析比較，讓你選擇合適的接駁方式。

河內機場交通工具分析

Traveling in Vietnam

車程：40～60分鐘

交通工具	特點
計程車(Taxi)	●機場到古城25萬越幣(固定車資，含過路費) ●市區到機場約15～18美金(可請旅館叫車) ●適合行李多或多人共遊者，直達旅館，輕鬆許多。 ●尖峰時間市區容易塞車，需預留時間
小巴士 (Mini Bus)	●4萬越幣或2美金 ●便宜、適合住在還劍湖週區、行李輕便者 ●市區搭乘處：Quang Trung街越南航空前(還劍湖附近)
巴士 (Bus)	●單趟3萬5千越幣 ●86號公車往返機場及河內火車站，沿途停靠老城區外圍，到站時車掌會喊 Old Quarter（老城區） ●05:05～21:40　河內火車站發車／06:18:～22:58（機場發車），每20～30分鐘一班車

製表／吳靜雯

▲從機場前往市區，可考慮搭往返機場及火車站的86號快捷公車

▲搭乘處清楚標明票價

胡志明市機場交通工具分析

Traveling in Vietnam

車程：20～30分鐘

交通工具	特點
計程車 (Taxi)	●到市區約7～15萬越幣或10美金 ●市區到機場會加收1萬越幣(入機場費) ●記得搭Grab、Mai Linh及Vinasun這幾家較有信譽的計程車 ●計程車搭乘處人通常很多，初到遊客會搶輸當地人；可走到最前面，請穿著綠色制服的服務人員協助 ●或者出航廈前先在機場內購買計程車券，出去就會有人過來接，雖然較貴，但對於剛抵達越南者，比較有保障
巴士 (Bus)	●單趟5,000～20,000越幣 ●152號巴士(路線請見P.54)及109號公車 ●05:30～19:00 ●依循BUS指標走，上車可跟司機說要到范五老背包客區(Pham Ngu Lao)，或New World Hotel，或檳城市場(Ben Thanh) ●由市區至新山一機場(Tan Son Nhat)則到反方向搭乘

製表／吳靜雯

＊注意事項：胡志明市機場小心主動搭訕的司機，有些會假冒Grab司機，直接將你的行李拿上車，抵達後收取高額車費，上車前務必先對車號。

▶Mai Linh計程車有穿著綠色制服的服務人員在場協助

◀胡志明市機場的109號公車較貴，多為遊客搭乘，尖峰時間可考慮，較會有座位可坐

▼叫Grab時需選擇在機場外第幾號門等（門外的柱子上均標有藍底白字的數字）。

⁉ 搭巴士進市區，台幣不到10元！

❶ 走出機場，依BUS指標走，到152及109號公車站牌候車

❷ 付5千越幣給司機，109號票價為2萬越幣

❸ 打開Google Map，定位旅館位置（手機須已可使用網路）

❹ 由Google Map顯示的資料，在最靠近旅館的巴士站下車（查看到地圖上即時定位的藍點，就可清楚知道自己該在哪裡下車）

註：攜帶大行李者，可考慮搭乘109號巴士，設有行李寄放處。當然，行李多者還是建議搭計程車，費用並不高。

機場到市區時間及費用一覽表

城市	時間	費用
河內	40～60分鐘	公車越幣3萬5千，小巴士US$2(越幣4萬)，計程車US$10～15
胡志明市	30～40分鐘	市區巴士越幣5,000～2萬，計程車越幣7萬起
順化	30～40分鐘	小巴士越幣4萬，計程車US$15
峴港到會安	30～40分鐘	旅館安排接送機為US$10
大勒	30～40分鐘	計程車US$10～15，接駁巴士4萬越幣（含巴士站到旅館的費用）
富國島	10分鐘	計程車約9～60萬越幣，依距離而定，許多旅館提供免費接駁車
芽莊	45～50分鐘	機場計程車為30～38萬越幣，一般計程車為20～25萬越幣，巴士為6萬越幣

＊以上資料時有異動，以官方最新公告為準。　　　　　　　　　　　　　　製表／吳靜雯

應用越南文ABC

機場用語

機場／Sân Bay　　　　　　行李提領處／Noi Nhan Hanh Ly　　洗手間／Nha Ve Sinh

國際航廈／Ga Quoc Te　　登機證／Thẻlêntàubay／Boarding pass　　公車／Xecông

國內航廈／Ga Noi Dia　　行李安全檢查處／Kiem Soat An Ninh　　計程車／Taxi

班機號碼／Flight No.　　登機門／Cua、Cua Ra Tau Bay　　　登機櫃檯／Quay Thu Tuc

海關／Hàiquan　　　　　旅遊資訊中心／Tourist Office　　　往候機處／Len Máy Bay

平價航空搭乘教學

　平價航空機上並沒有任何娛樂設施、毛毯及餐點，搭乘時記得準備娛樂設備或書籍，並攜帶禦寒衣物；預訂機票時可加購餐飲，也可在機上購買，比網路預訂貴一點，但價格算可接受。

⁉ 省時撇步

❶ 手機Check-in最便利

　目前越南各航空公司幾乎都已推出官方App，只要下載在手機或平板電腦上，輸入訂位代號及英文姓名，即可輕鬆辦好登機手續。沒有託運行李者，可直接前往隨身行李安全檢查處；有託運行李者，抵達機場後需到櫃檯託運行李。

　＊不需託運行李者，胡志明市機場有些服務人員仍會要求手機辦好登機者，到櫃檯查核。

❷ 利用自助Check-in機辦理登機

　通常登機櫃檯排隊人數較多，此時可善用櫃檯旁的紅色登機機器，越捷可自己選擇座位、列印登機證後，再到1號櫃檯託運行李，或讓服務人員查核登機證，即可入關候機

自助 Check-in 機使用步驟

Step 1 櫃檯旁的自助Check-in機台

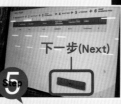

Step 2 選擇語言

掃描預訂
(Scan Reservation)

搜尋預訂
(Search Reservation)

Step 3 選擇服務

預訂號碼

名(First Name)
姓(Last Name)

Step 4 掃描預訂者，輸入資料

下一步(Next)

Step 5 勾選預訂資料

若訂購多張機票，系統會自動列出所有預訂資料，勾選所有人及按下一步

Step 6 選擇座位(免費)

Step 7 閱讀安全注意事項提醒

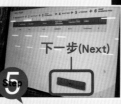

Step 8 確認

Step 9 列印登機證
(Print Boarding Pass)

Step 10 到櫃檯出示登機證
(列印登機證後，到1號櫃檯讓服務人員檢核即可入關)

交通篇
Transportation

要在越南內外走透透，
可以利用哪些交通工具？

人多車多的越南城市，長程交通工具首推飛機，中程則以火車及較快捷的長途巴士為主。
市區交通可多利用巴士、計程車、摩托計程車等。

越南境內大眾運輸系統

交通方式多,可依時間及預算選擇。

越南地形狹長,所需交通時間也較長。所幸越南境內交通選擇多,要便宜、要快速、要有當地特色,通通都有。

▲越南航空飛往富國島的小飛機

如何善用各種交通工具
Traveling in Vietnam

■平價飛機快速跨城遊:

例如:你若飛到胡志明市,但也想到下龍灣及河內玩,那麼可以另外訂平價航空或越航的早鳥票到河內或海防市(約2小時),再往南慢慢玩回來,同樣可以便宜遊越南。

■長途巴士省錢過夜:

想省錢可以購買長途巴士的套票或單程票,交通時間雖然較長,但長途巴士多為臥鋪巴士,可以在車上過一夜,省了一個晚上的住宿,車上也提供無線網路及乾淨的廁所。

■火車可選特殊路線體驗:

越南高鐵還沒開通,一般火車速度較慢,並不是特別推薦,不過河內到老街市(沙巴)這段是復古火車,倒是滿推薦搭乘的。胡志明市到芽莊(約8小時)、芽莊到峴港(約9小時),或者峴港到順化(2.5小時)這幾段也可以考慮。

■包車最有彈性:

越南包車不是太貴,若是幾個人一起出遊的話,也可以考慮包車,行程更有彈性。(1天8小時約45～55美金,Grab也提供包車的選項)

■摩托車是背包客最愛:

許多歐美人士還會自己租或買摩托車遊越南,或參加摩托車之旅,由當地人騎摩托車帶你遊越南,這也是很受背包客喜愛的旅行方式。

■頂級遊船玩下龍灣:

以這種方式玩下龍灣及湄公河三角洲,是越南最熱門的旅遊行程。

■市內善用計程車及公車:

市區可善用計程車及公車。巴士費用相當便宜,車上也會有車掌,只要告知地點即可。計程車並不是太貴,多人共遊使用計程車很划算,但記得要搭乘有信譽的車行或Grab,越南還是有許多黑車存在,要特別小心。若想體驗三輪車,河內老街、順化、會安古城都是不錯的地點。

交通篇

飛機

越南國內航線相當完整，幾乎所有旅遊或重要商務城市都有機場，而且還有越捷航空(VietJet)及捷星(JetStar)、越竹航空(Bamboo Airways)這三家平價航空，買到優惠票並不難。此外，越南航空的航線是最完整的，早鳥優惠票其實也很便宜，機上服務又比平價航空多。

▲越南航空國內班機

▲越南國內三家平價航空，即使當天訂，票價也不是太貴

越南境內熱門的航線
Traveling in Vietnam

　　胡志明市、河內、海防Hai Phong(下龍灣)、洞海Dong Hoi(鐘乳石洞)、峴港Da Nang(會安)、大勒Dalat、順化Hue、芹苴Can Tho(湄公河三角洲)、富國島Phu Quoc(離島度假)、昆島Condao(生態島嶼度假)。

胡志明市到國內各大都市航線

城市	航程
河內	2小時
順化	80分鐘
峴港	70分鐘
芽莊	55分鐘
大勒	50分鐘
富國島	1小時

＊以上資料時有異動，以官方最新公告為準。　　製表／吳靜雯

河內到國內各大都市航線

城市	航程
胡志明市	2小時
順化	70分鐘
峴港	75分鐘
芽莊	2小時
大勒	100分鐘

＊以上資料時有異動，以官方最新公告為準。　　製表／吳靜雯

如何訂票
Traveling in Vietnam

　　最方便、省錢的方式是直接上官方網站預訂(請參見P.36)。但網路購票需要使用信用卡，否則可以請隨處可見的當地旅行社代購，或者到當地航空公司服務處臨櫃購票。

　　機票依不同票種，價錢有差異。主要差別在於可否更改日期及時間、經濟艙或商務艙。

航空公司官方網站

越南航空 http www.vietnamairlines.com
越捷航空 http www.vietjetair.com
捷星航空 http www.jetstar.com
越竹航空 http www.bambooairways.com

＊以上資料時有異動，出發前請再次確認。

越南國內航點圖

越南火車路線圖

Dien Bien Phu

Van Don

河內 ✪
Hanoi

海防 Haiphong

往昆明(中國)

往南寧及北京(中國)

Lao Cai 老街
(往沙巴)

Vinh

河內 ✪
Hanoi

下龍 Halong

海防 Haiphong

Dong Hoi

Hai Duong

順化 Hue

寧平 Ninh Binh

峴港 Da Nang

Chu Lai

Vinh

Dong Hoi

Pleiku

Quy Nhon

Dong Ha

Da Lat

順化 Hue

Buon Ma Thuot

Tuy Hoa

峴港 Da Nang
(往會安)

芽莊
Nha Trang

Quang Ngai

胡志明市
Ho Chi Ming
(Saigon 西貢)

Dieu Tri

Quy Nhorn

Rach Gia

Can Tho

大勒
Da Lat

芽莊
Nha Trang

Ca Mau

胡志明市
Ho Chi Ming
(Saigon 西貢)

Muong Man
(Phan Thiet)
(往美奈)

交通篇

火車

目前越南火車系統較完整的是從北部的河內到南部的胡志明市，以及從河內到西北部的老街市，再往北到中國，其他路線還不是很完善。時速約60公里，300公里的路程常需耗時8、9個小時，再加上火車常不知何故停在半路很長的時間。好消息是，越南政府開始蓋高速鐵路了。南北高鐵全長1,700公里，將縮短至6小時，預計2020年開始營運。

搭火車優缺點
Traveling in Vietnam

搭火車還是有些優點的，長時間旅途，可在火車上走動，而且提供餐飲服務，像是喝了會讓人蹦蹦跳的香濃咖啡，過夜火車也提供免費便當。再者，費用相當便宜。但非常不推薦河內到胡志明市搭乘火車，時間實在是太長了。建議長途可搭飛機，中短程則可搭火車。

搭火車的禮儀與須知

●**先下後上**：禮讓車上的旅客下車後再上車。
●**不要逃票**：火車上都會有查票員，要事先買票，若是車上補票的話，價錢會較貴。
●**行李**：可放在行李架上或座位底下，越南人的行李通常相當多。
●**殘障人士優先使用**：有些座位是專為殘障人士所設計的，請禮讓有需要的人優先使用。
●**廁所**：通常會有兩個廁所，一邊為蹲式廁所，另一邊為坐式廁所。都是直通地面，一乾二淨啊！
●**非自動門**：到站時要自己拉手把開門。

火車種類
Traveling in Vietnam

越南火車的路線一是銜接河內和胡志明市，總長1,276公里，火車名稱為Thong Nhat(英文名稱Rernification Express)。另一個路線是河內開往越南北部的鐵路幹線。
http 查詢時刻及票價：dsvn.vn

火車分為3個等級

●**快速列車**：SE1～SE8
●**準快速列車**：S1，S2
●**緩行列車**：S3～S10

從胡志明市到河內，搭快速列車需要34個小時，一般車需41個小時。河內開往胡志明市的火車為奇數車次列車(如SE1、S1)，胡志明市開往河內的火車為偶數車次列車(例如SE2、S2)。

火車座位則分為

●**硬座(Hard Seat)**：沒有冷氣
●**軟座(Soft Seat)**：一般車沒有冷氣；快車有冷氣，附午晚餐便當。
●**臥鋪(Sleeper)**：有冷氣，分4人及6人一個車廂，附早午晚餐便當，車上也有餐車。SE1及SE2於2016年中升級為五星級車廂，其他車種也已陸續升級，臥鋪車廂提供充電插頭。

▲SE3火車內部

如何購買火車票

Traveling in Vietnam

旅行社代購／臨櫃買票

若是短程火車票，除非是年節期間，否則一般並不需要擔心沒票，長途火車則最好事先訂票。若是請旅行社購票，購票及退票都會收取手續費。一般為現金付費，部分窗口也接受信用卡付費。

到火車站櫃檯告知

出發地點 Tu Ga / Departure _____

目的地 Den Ga / Destination _____

日期 Ngay / Date _____

時間 Gio / Time _____

越南國鐵線上購票

2015年9月開放線上購票，訂購完後，持傳送到Email或手機簡訊的電子車票，即可到火車站印出車票。

http www.dsvn.vn

▲到越南國鐵購票網站填寫出發、目的、日期、單程或來回票

教你看懂火車票

軟臥鋪車空調車廂

VÉ HÀNH KHÁCH

Ngày bán 27.07.2015

SOFT SLEEP AIR-CON — SP1 車種代號

HA NỘI → LAO CAI

wu chin wen   CMT:301945406

出發日期 — Ngày đi/Date: 27.07.2015   Giờ/Time: 21:40 — 出發時間

車廂 — Toa/Coach: 17   Tầng/Level: 1

票種 — Loại vé/Ticket: Foreigner   Giường/Berth: 17 — 鋪位

票價 — Giá vé/Price:425.000 đồng

Giá vé trên đã có bảo hiểm và 10% thuế GTGT.

0919913

Liên 2: Giao HK   HNO39CR0919913

臥鋪
(1 =下層、2 =中間、
3 =上層)

其他常見字彙

T1、T2、T3 = 下鋪、中鋪、上鋪	Ngoi：無座位(或Ghé)
K6 = 6 床臥鋪車廂、K4 = 4 床臥鋪車廂	Ga：火車站
Dieu Hoa：冷氣車(DH)	Cung: bed / Seat Hard. (床／硬座)

火車站資訊看這裡

胡志明市火車站(Ga Sai Gon)

每天前往北部各大城市，終抵河內的班次約有5班。

- ✉ 1 Nguyen Thong St. District 3
- ➡ 最方便的方式是搭計程車或摩托車
- 🕐 07:15～11:00，13:00～15:00
- ℹ 也可在1區的范五老背包客區火車站(Saigon Railways Tourist Services)遊客服務中心購票(會酌收一點手續費)

遊客服務中心

- ✉ 275C Pham Ngu Lao Street
- 🕐 07:30～11:30，13:00～16:30

河內火車站(Ga Hanoi)

站內設有資訊中心、寄物櫃、外幣兌換處及外國人售票窗口。

Ga Hanoi

- ✉ 120 Le Duan
- ➡ 沿火車站前的馬路直走約150公尺可看到公車站牌，搭1號公車到終點Long Bien巴士站，從這裡走到老街區約5分鐘。也可搭計程車，但有時候會遇到一些沒牌的黑心計程車，記得要搭較有聲譽的車行。(請參見P.68計程車)
- ℹ 重要提醒：若搭夜班車一大早抵達河內火車站，可搭乘站內的計程車或Grab，比較有保障。站外計程車較雜，不建議搭乘。

芽莊火車站(Nha Trang)

- ✉ 17 Thai Nguyen Street

順化火車站(Hue)

- ✉ 573 Bui Thi Xuan Street

峴港火車站(Da Nang)(往會安)

- ✉ 202 Hai Phong Street

＊以上資料時有異動，以官方最新公告為準。

▲河內的軌道跟住家親密和平共處，為這城市的特殊景觀

搭火車步驟

Traveling in Vietnam

 Step 1 **購買車票**
火車站購票處。

 Step 2 **前往月台候車**
常是爭先恐後，可等當地人都上車後再上去，停靠時間很充裕。

 Step 3 **找自己的位置**
火車的車廂號碼，「TOA」是車廂的意思。

TOA 6
車箱號碼

火車站設施
Traveling in Vietnam

　　有趣的是，有些火車站是火車開動之前才會開放候車室，火車快到站時，車站服務人員又會把所有人都趕到月台上候車，有些甚至會把候車室關起來。一般火車站大都設有人工寄物處，可以多加利用。

▲火車站月台

▲SE3火車內部

▲車廂(Buong)及床號

▲月台號碼

▲火車班次及月台、車廂方向標示

▲海防市火車站，很多火車站都是這種法國殖民風建築

▲大火車站設有專為外國遊客購票的外國旅客櫃檯

▲大火車站內現也設有寄物櫃

▲火車站外有許多計程車，但不建議搭乘，很可能搭上亂喊價的黑車

▲火車上會有餐車

▲每一站也都有這樣的小販

巴士

長途巴士種類與購票
Traveling in Vietnam

　　雖然主要路線的公共巴士越來越好，價錢也便宜，但缺點是河內跟胡志明市這兩大城市的巴士站距離市中心較遠，若不是搭當地巴士到市中心，而是搭計程車的話，到市區的計程車費反而比你搭長途巴士的錢還貴。

　　因此，建議還是直接到旅行社購買私營的Open Tour Bus。優點是這類巴士多由市中心發車，並直接抵達每個城市的旅館聚集區，方便抵達後找旅館。

◀除了一般臥鋪巴士外，現在還發展出更高級的膠囊式臥鋪，簾子拉起就有私人空間，設有個人影音設備、充電插座

▲較短程的會採用這種**16人小巴士**

▲當地長途巴士，網絡最密集的交通工具

胡志明市公共長途巴士站

■東巴士站(Ben Xe Mien Dong)

　　胡志明市最大的巴士站，距胡志明市中心東北部5公里處。往大勒、芽莊、潘切、頭頓的班車，均由此出發。

✉ 292 Đinh Bộ Lĩnh, phường 26, Quận Bình Thạnh
http www.benxemiendong.com.vn
➡ 從Ben Thanh市場乘坐19號公車約需40分鐘(VND5,000)。或從Ben Xe Mien Tay搭14號公車

■西巴士站(Ben Xe Mien Tay)

　　位於市區西南部10公里處的Ben Chanh區。跟Cho Lon巴士站一樣，主要是開往湄公河各小鎮的巴士，但是這裡距離市區比較遠。

✉ 395, Kinh Dương Vương, Thị Trấn An Lạc, Q. Bình Tân
➡ 從Ben Thanh市場乘坐2號公車，約需要60分鐘；搭計程車約30～40分鐘。或從Ben Xe Mien Dong搭14號公車

私人長途巴士Open Tour Bus
Traveling in Vietnam

　　由於當地巴士的車況及路線還不夠完善，因此越南的旅遊業專為外國遊客發展出一種非常便利的巴士車票——Open Tour Bus。遊客可以搭乘巴士到河內和胡志明市之間的各大主要城市，可以單程購買，或者購買全程票(Open Ticket)，任停各大城市。無論是哪一種票，只要出發前一天到當地合作的旅行社訂車位即可。

要特別注意的是，旺季時旅客較多，有時候會訂不到票。或者像美奈到芽莊，大部分遊客都想搭夜班車省住宿費，因此夜班車很快就滿，只剩日班車。建議確定時間後，可先在旅行社訂好票，或者下車後，馬上預訂接下來的行程。

▲2個鐘頭以上的巴士中途都會在巴士休息站停15～20分鐘，讓乘客上廁所或吃東西

車種與座位

Open Tour Bus分為日班車(Morning Bus)和夜臥鋪車(Sleeping Bus)。夜臥鋪車的座位可以平躺下來，提供毛毯及水，一般會有上下兩層。購票時可以選擇座位。若想方便上廁所者，可以劃在洗手間附近，缺點是常會有人走動。超過10個小時的車程，建議選搭臥鋪巴士(日班車多為臥鋪車)，個人活動空間較大，腳可伸直，比較不累。不過有些越南司機之瘋狂，又愛按喇叭，睡眠品質很不好。舒適度與省錢，永遠都是旅行時的兩難問題。

▲臥鋪巴士還算舒適，並提供免費被子、水，車上也有廁所及免費Wifi

▲有時搭乘人數太多，就連走道都睡人，不怕晃者，可選上層座位，但會暈車者，訂票時記得選擇下舖

長途巴士看這裡

除了Open Tour Bus之外，還有幾家信譽不錯的長途巴士公司，接受線上預訂(有英文介面)。

■**Hoang Long**
http hoanglongasia.com

■**Mai Linh Express**
http www.mailinhexpress.vn

■**Open Tour**
http www.thesinhtourist.vn

■**Kim Tours臥鋪長途巴士**
http www.sleeperbusvietnam.com

■**Futa Bus**
http futabus.vn

■**Hanh Café**
http hanhcafe.vn

■**TâmHạnh：提供一般臥鋪巴士及VIP豪華巴士**
http www.tamhanhtravel.com

＊以上資料時有異動，出發前請再次確認。

Sinh Café - Open Tour Bus

越南的旅行社相當多，Sinh Café算是其中最大的，以河內老街區為例，很多旅行社都會掛著Sinh Café的招牌，所以真的令人搞不清楚哪個才是真的。其實在哪個旅行社或旅館櫃檯買票都無所謂，因為他們的連結性很高，最後都還是會集結在一起，只是各家價格不同，重點就在不要讓自己買貴了，記得多問幾家。

◀越南最知名的Sinh Café旅行社也提供完整的長途巴士路線

市區交通

認識越南市區常見的交通工具，及使用方式。

公車

主要城市的市區公車路線還算完善，只是有些市區公車的速度慢得出奇，有些又飆得厲害。對於不懂越南文的遊客搭乘公車較不方便。市區短程觀光，可以考慮公車，上車後請車掌到目的地時提醒遊客下車，或打開Google Map，查看即時定位。

河內、胡志明市這樣的大城市均可使用Google Map查詢公車路線。胡志明市公車也可到官網查看及下載各線公車路線：buyttphcm.com.vn

●**河內**：市區公車一趟越幣7,000，不過因為大部分景點都可步行抵達，市區比較用不到公車。

●**胡志明市**：公車費用相當便宜，無論遠近一趟都是越幣5,000～7,000。約10～20分鐘一班車，上下班時間班次較密集，不過搭乘的人也多，交通壅塞時間，可考慮搭乘摩托計程車。

胡志明市常用市區巴士路線

公車	路線
2	Ben Thanh 檳城市場巴士站 — Thang Hai街 — Mien Tay西巴士站
13	TDH xe buyt Sai Gon — Pham Ngu Lao范五老背包客區 — Chac Mang Tam街 — Cu Chi(古芝隧道)
18	檳城市場(Ben Thanh Market)到西貢動物園(Saigon Zoo)；在Sofitel Plaza前下車
31	檳城市場(Ben Thanh Market)到玉皇殿Jade Emperor Pagoda
34	Ben Thanh巴士站 — Phu My Hung富美興
38	檳城市場附近的New World Hotel站(靠近8 Nguyen Thi Nghia)，到最後一站水上樂園站(Damsen Water Park)
56	檳城市場(Ben Thanh Market)到5區中國城(Cholon)及最高樓Landmark 81
65	檳城市場到西貢火車站，Ngã Sáu Dân Ch 站下車
109 152	檳城市場到新山一機場；國際航廈及國內航廈均設有停靠站，沿路也行經較靠近聖母院的Pasteur街

＊以上資料時有異動，以官方最新公告為準。BUSMAP程式或Google Map可查詢大眾運輸方式，還滿準確的，可善用。

▲河內市區巴士

▲胡志明市市區巴士，行李較大者會被收取兩人費用

▲巴士上會有車掌收錢，只要告知目的地即可

計程車

越南計程車仍相當便宜,起跳價約越幣9,000～12,000,每個城市費用不同,以公里計算,每公里也是約越幣9,000～12,000。現在大部分計程車的跳錶器會在車子啟動後開始自動跳錶,比較不需要擔心司機不跳錶的問題。

上車前最好還是先問是不是以跳錶計費(直接問:「Meter?」)。上車後若發現沒有跳錶,請告訴司機或者換計程車。

目前最有信譽的計程車是綠白色車身的Mai Linh,及白色車身的Vinasun。

▲有些計程車也接受信用卡付費

▲較值得信賴的Mai Linh

▲Vinasun計程車

河內計程車

從河內老街搭車到西湖區,車程約20～30分鐘,費用約越幣7萬～9萬。以下列舉幾家計程車行電話:

☎ Mai Linh:38-38-38-38
☎ Vinasun:38-277-178

胡志明市計程車

按里程計算,每公里越幣1萬。下列幾家計程車行電話:

☎ Mai Linh:38-38-38-38
☎ Vinasun:38-27-27-27

Grab,私人叫車服務

現在Grab在越南也很普遍,出發前可先下載App,到當地開啟App就可叫車,也是較值得信賴的一種計程車。(使用方式請參見P.70)

計程車里程表解析

計程車上有這樣的跳表機,通常啟動30秒後就會開始自動跳表。

車資(9.0代表9千,即越幣9,000)　　公里數

每公里計價

⁉ 搭乘計程車要注意

●注意盜版計程車:越南人的盜版是無所不在,檳城市場外會看到一些Mai Linh仿冒車,電話號碼少了1組38,公司標誌改為「MTAXI」,而不是Mai Linh。最好搭乘在街上行駛的計程車,或剛有客人下車的計程車,不要搭那些停在街邊等客的。或者可以到五星級旅館請櫃檯或門房幫忙叫車。

●旅館接送:班機較晚抵達者,可考慮請旅館接送最安全,有些不見得較貴。

交通篇

摩托車(Xe Om)

摩托計程車

Traveling in Vietnam

摩托車「Xe Om」,「Xe」是車子,「Om」是抱住的意思,就是乘坐摩托車的姿勢。只要告知地點、議好價錢,即可上路,司機備有安全帽。越南各街角隨時有等候客人上門及看到遊客就問:「Motorbike?」一整天翹著大腳丫在那裡等客人的摩托車司機。

一般1公里內的價錢約是越幣10,000~15,000,

⁉️ 搭乘摩托計程車須知

●**小心獅子大開口:**摩托車司機議價時通常會說Twenty(20),表示20千越幣,也就是2萬越幣。若是短程路線,聽到一開價就是越幣5萬者,請「務必」、「馬上」掉頭就走,不要跟這種獅子大開口的人浪費唇舌與自己的時間。

●**事先議好價錢:**如果是要到好幾個地方或需要再回原地者,可以一起議價,摩托車司機會很樂意接受的。一定要事先議好價錢,有些司機抵達目的地後還要更多錢,支付原議定的價錢即可(議價時也可以用手機錄下來)!

●**請司機寫下價錢:**若溝通不良,請司機寫下來,以免到時候又亂開價。

●**安全帽:**搭乘時務必戴安全帽,並將包包保護好。

●**準備地址紙條:**可先請旅館服務人員將你要去的地方寫在紙條上。

●**初到者請小心:**基於安全考量,不建議初到越南的遊客搭乘。

如果是1~2公里的話約越幣20,000~25,000。短程摩托車司機通常會開價越幣2萬,可再跟司機議價。

租摩托車

Traveling in Vietnam

會騎摩托車的人,到越南也可考慮租摩托車。只要護照(很多小城市根本不需要壓護照)、付錢或告知投宿旅館,就可以騎車走了(一定要攜帶國內駕照及國際駕照)。車行都備有安全帽,一般需要自己去加油。費用則依城市而定,約US$5~10(Cat Ba島半天US$5,一天US$8;會安一天越幣100萬;胡志明市一天約US$6)。

背包客區有許多車行,店外會有「Motorbike for rent」的招牌,或者可直接向旅館櫃檯詢問,很多旅館也租摩托車或有合作的夥伴。

現在自動打檔車已經普遍了。特別提醒的是,像是美奈、會安這些小鎮,交通比較不那麼繁忙,

較適合租摩托車。河內跟胡志明市交通非常亂,不熟悉路況者,並不建議租車。

▲車子停放在寄車處較為安全

騎摩托車小提醒

小心被排氣筒燙傷

打檔車的排氣筒並沒有任何防護,不熟悉者常會不小心燙到小腿,一定要特別注意。

打檔要領

只要踏換檔踏板,起動時打1檔,慢慢加速換成2~3檔,行車時可打3~4檔,聽到聲音不順時再往回打檔,停車時要記得打空檔N。

有些新型的自動摩托車只要踩下停車桿停車,就會自動熄火。

如何使用Grab
計程車及摩托計程車？
Traveling in Vietnam

Grab是新興的手機程式叫車系統，叫車時即可先知道車費，司機也會在程式上清楚看到乘客的目的地，比較不容易發生被欺騙或與司機溝通不良的問題。

Grab目前在越南較為普遍的原因是，不須綁定信用卡。抵達時，依照程式所顯示的車費支付現金給司機即可。另一個好處是，可以直接透過程式免費傳送訊息給司機，確定所在位置。這個訊息還提供簡體中文翻譯功能。

Grab除了提供載客服務外，也提供包車及Grab Food代送食物的服務。只要從手機程式上訂購餐廳的食物，Grab摩托計程車即可送到指定地點，依距離收取代送費用。

包車則分市區與市外、4小時或8小時的選項，選擇時可請越南人代為確定選項是否正確。

叫車步驟 Step by Step

Step 1 下載 APP
下載 Grab App 並註冊，同一個帳號可在越南、泰國等任何可使用 Grab 的國家使用。

Step 2 確認上車地點
打開程式會自動定位，但有時不是那麼精確，記得抬頭看一下所在位置的門牌號碼，確定跟程式定位是否相符。若是在機場這類的地方叫車，務必確定上車地點，例如胡志明市抵達航廈的第幾號柱候車。
注意：搭乘前務必先對車號

Step 3 輸入目的
確定上車地點後，輸入目的地位址或餐廳、商店、旅館名稱。

▲Grab摩托車提供乘客安全帽　▲司機抵達時，記得核對車號及目的地

Step 4 選擇車種
Grab 可選擇私家車，或較高級車 Premium，塞車時間短程則可考慮 Grab Bike 摩托計程車。選定車種後，系統會顯示車費，確定後按 Book，系統就會開始搜尋附近的車輛。

Step 5 搜尋車輛
搜尋到車輛後，會顯示價錢、司機的照片及抵達的時間、車號，地圖上也會即時定位該車輛目前的位置，方便乘客知道車子會從哪個方向過來。快抵達時，系統會發出車輛即將抵達的訊息。司機抵達後，拿著手機互相對照一下，免得上錯車。

Step 6 抵達付費
抵達目的地後，依照程式上所顯示的價錢支付現金給司機即可，下車後系統會自動寄出電子收據。

捷運

河內共規畫了8條捷運線，部分捷運路段將於近年通車。目前只興建兩條線——2A線：Cat Linh - Ha Dong 以及 3 號線：Nhon - Hanoi Station 河內火車站。

胡志明市捷運也正積極興建中，目前預計2020年通車，屆時將連接檳城市場Bến Thành Market到第九區的Suối Tiên Park。

三輪車 (Xich Lo)

三輪車是一位住在柬埔寨的法國人發明的，1939年越南也開始普遍使用，除了載人之外，越南人什麼家當都用三輪車運載，還曾在街上看過三輪車載摩托車的，可見越南三輪車夫的腳力有多厲害。

不過現在摩托車已經逐漸取代三輪車，胡志明市、河內很多街道也禁行三輪車。另外，因為三輪車現在是很觀光化的交通工具，尤其是河內的還劍湖附近，一定要議好價錢再出發。甚至也有逛

▲胡志明市有些路段禁止三輪車進入

完老街，回到三輪車夫聚集的地點後，車夫們仗勢想敲竹槓的情況。

若想體驗的話，也可以請旅館服務人員幫忙議價或叫車(約越幣20萬／1小時)。

腳踏車

越南有些小鎮很適合騎腳踏車遊城，許多旅館提供免費腳踏車，否則租用一天也才約越幣2萬而已。會安最適合租腳踏車逛古城，因古城區摩托車、汽車不可進入，再加上古城並不大，很適合騎腳踏車。但要特別注意的是，月圓夜古城區禁止停放各種車輛，否則會被拖吊，若單車被拖吊，可到古城內的管理處領腳踏車。若與管理處人員語言無法溝通的話，可請旅遊服務中心或旅館服務人員代為處理。

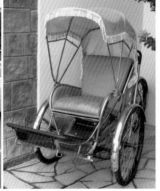
▲三輪車

▲會安古城禁止一般車輛通行，最適合搭乘三輪車

▲古城內都找得到腳踏車出租店

租車

這幾年越南的車輛急速增加，但駕駛人的習慣還很差，喜歡亂鑽、亂按喇叭，尖峰時間可真是一團糟，又是汽車、又是摩托車的，基本上並不建議在市區自行開車。若要租車的話，須準備好護照、國際駕照、國內原駕照及信用卡。

加油站

越南的加油站已經越來越普遍了，市區找加油站比較容易，要到郊區的話，建議先加好油，否則路邊的雜貨店也賣裝在寶特瓶中的汽油，或可找到迷你加油站。

⁉️ 行人過馬路法則！

要過川流不息的越南馬路，可不是那麼簡單的事。這是所有旅人到越南的第一項文化震撼，也是旅人們湊在一起最喜歡討論的。雖然現在路上的紅綠燈陸續在增加當中，但大部分路段仍然得靠自己的肉體與車流搏鬥。然而，只要知道一套過路法則，照樣可以暢行無阻＋無比成就感。回國後最想念的，還會是過馬路這件事情呢。

謹記要徐徐前進，千萬不可中途突然停下來。因為摩托車或汽車都會自己預測你大概會走到哪裡，然後很流暢地閃過。如果你中途突然停下來，反而會壞了這個自然律動，危險之外還要招來白眼呢！

▶掃QR code學越南人過馬路

▲車輛限速牌

▲加油站

▲高速公路收費站

▲過了一個城鎮到另一個城鎮的路標

▲在鄉下開車要特別小心路上牛羊

◀在美奈這類的小鎮路上，會看到這種迷你加油站。雖然便利，不過最便宜的還是到正統加油站加油

渡輪

　　長途的國內遊艇主要是由胡志明市往返頭頓、湄公河，或由湄公河三角洲往返富國島，另外就是下龍灣的觀光遊船(請參見「玩樂篇」P.128)與到卡巴島的遊艇。有些東南亞路線的國際郵輪，也會停靠在胡志明市80公里外的大港口Phu My。

▲當地渡輪是人車全上

水上巴士

　　胡志明市於2017年11月底開設了第一條水上巴士，往返第一郡的Bach Dang碼頭及Linh Dông，停靠12站，行經第二郡及平盛郡Bình Thanh，每趟為15,000越幣。時刻表及路線圖請參見：saigonwaterbus.com

▲搭乘水上巴士會看到胡志明市最高樓Landmark 81

頂級遊船
Traveling in Vietnam

　　包括2～8天的湄公河、下龍灣，以及從越南到金邊、吳哥窟、泰國的行程。

遊船公司

http Heritage Cruises：heritage-line.com
http Acqua Mekong：www.aquaexpeditions.com

應用越南文 ABC

應用單字

直走／Đi thẳng	臥鋪／Giường
左轉／Quẹo trái	停／ngừng
右轉／Quẹo phải	車票／Vé
靠近／Bên cạnhg	單程票／Một Chiều
左手邊／Bên Trái	來回票／Khứ Hồi
右手邊／Bên phải	單行道／một chiều
座位／Ghế	讓路／yield
硬座／Ghế Nằm	禁止停車／đừng đậu xe
護照／Ho chieu	
軟座／Ghế Mềm	

實用會話

我要買一張票到 ＿＿＿＿＿
Tôi muốn mua vé đi ＿＿＿＿＿

一張到＿＿＿＿的票多少錢？
Vé đi ＿＿＿＿＿ bao nhiêu tiền?

到＿＿＿＿要多久？
Đi ＿＿＿＿＿ bao lâu?

我想租摩托車／單車。
Tôi muốn thuê xe máy / xe đạp

我想租有司機的車。
Tôi muốn thuê xe hơi với tài xế

我的摩托車壞掉了。
Xe máy của tôi bị hư

沒油了
Tôi hết xăng rồi

哪裡可以加油？
Đỗ xăng ở đâu?

有保險嗎？
Có bảo hiểm cho tôi không?

住宿篇
Accommodations

在越南旅行，有哪些住宿選擇？

透過現在發達便利的網路服務，都可在出發前先確認好想要住宿的旅館。

而入住法式越風旅館中，更是難得的美妙經驗。

(照片提供: Sofitel Legend Metropole Hanoi)

非住不可的法越風旅館

Sofitel Legend Metropole Hanoi

河內

http www.sofitel.com／✉ 15 Ngo Quyen St, Hanoi／☎ +84 4 3826 6919

01 古色古香的老翼大廳／02 高級的房間不但寬敞，還有會議室、SPA按摩房／03 高雅浪漫的衛浴設施／04 房間內隨處可見典雅的觸感／05 旅館分為兩邊，左為1901年啟用的歷史古翼，右為新的歌劇院翼(本頁照片提供：Sofitel Legend Metropole Hanoi)

若想體驗浪漫的法越風旅館，當然首推河內的百年老旅館Metropole。這家曾是卓別林到越南度蜜月的老旅館，始建於1901年，整座白色的老建築，散發出獨特的典雅美學，靜靜地佇立在河內還劍湖畔。

目前Sofitel分為兩翼，一邊還保留原本的古典樣貌，房間的布置隨處可見東西美學合併的觸感，擺設著各種老骨董及具歷史價值的文物，其中包括珍貴的LV老行李箱。這一翼還包括名人住過的套房，也以該位名人命名，像是最受歡迎的卓別林套房(Charlie Chaplin)、Somerset Maugham及Graham Greene等。

而另一邊的新翼，由於靠近歌劇院，因此命名為歌劇院翼(Opera Wing)，充滿了精品設計風格，在清新的氣息中，帶著低調的奢華與令人讚歎的質感，深受商務人士喜愛。除了枕頭有7種不同的軟硬度及形狀選擇之外，浴室承繼濃濃的法國風，採用獨立陶瓷浴缸，旁邊還擺著撒滿玫瑰的水盆。而最令人驚喜的是，這裡所用的盥洗用品，竟然是嚴選的愛瑪仕產品，從香皂到洗髮精、沐浴乳、乳液，一應俱全(一般房型為Lavin的備品)。

高級房型的私人管家服務，包括進旅館後直接將客人帶到行政樓層的專屬酒吧休息，介紹旅館服務，再到房間讓客人舒服地Check-in，完全不需在櫃檯等候。種種的貼心服務與設備，讓這棟極具歷史價值的傳奇旅館，再添一筆傳奇。

除了房間，旅館內的SPA中心、午茶咖啡館、法國餐廳Le Beaulieu(包括週日早午餐)、義大利餐廳Angelina與越式烤海鮮自助餐Spices Garden，更是為整體服務加分。

印度支那號 *Indochina*

下龍灣

http www.indochinasails.com／✉27A6 Dam Trau, Hanoi／☎+84 439842362

01房內的按摩浴缸／**02**優雅的頂級仿古船(照片提供／Indochina Sails)／**03**特別為蜜月客人布置的房間／**04**迎賓飲料／**05**欣賞迷人的海景

神奇的海上石林——下龍灣，除了可以參加半日遊船出海欣賞這迷人的景致之外，還有什麼選擇呢？有的，有的，越南人的旅遊花樣可真不少，讓遊客在五星級的仿古木造船上來個印度支那夢，也是暢遊下龍灣的好方法。

海上一艘艘如夢似幻的仿古船，讓人彷彿又回到那個充滿異國風情的印度支那時代。船上的每個角落、房間，都是越南人幾個世代以來仔細咀嚼、消化歐洲與越南美學後的完美呈現。

無論是浪漫的蜜月旅行，還是溫馨的家庭度假，都可以找到令人滿意的氛圍。除此之外，船上還有餐廳、SPA按摩服務，而且早上醒來，還有人帶領著房客在甲板上打太極拳，一面欣賞海上石林的日出美景。

⁉️ 如何挑選下龍灣遊船？

下龍灣大大小小的遊船就有幾十家，由訂房各大網站就可自行預訂，要怎麼選呢？

在前幾年發生過撞船事件後，規定所有遊船外觀都要漆成白色，所以外觀來講都相差不多，主要在於內部的風格符不符合自己的期待。例如：房間坪數、是否需要浴缸、裝潢風格、觀景窗、餐飲、包含的免費行程(如獨木舟、烹飪課程)。

遊船中最頂級的是天堂號、印度支那號，Signature跟Viola也是不錯的選擇。若想找高雅不太貴的，也可以考慮Christina。

Sofitel Saigon Plaza

胡志明市

www.sofitel.com／17 Le Duan Boulevard, District 1／ +84 28 3824 1555

02 **03**

01 **04** **05**

01旅館內的法國餐廳，無論餐點或服務都令人讚歎／02散發著清雅氣質的房間布置／03高級套房／04豐富的自助式早餐／05全胡志明市唯一的屋頂游泳池，可喝杯小酒、欣賞夜景／06河內的 Sofitel Plaza 位於安靜的西湖區，頂樓酒吧可眺望美麗的湖景／（02,03,05照片提供：Sofitel Saigon Plaza，06照片提供：Sofitel Plaza Hanoi）

法國集團Sofitel除了河內的經典旅館Metro-pole之外，河內及胡志明市的Sofitel Plaza都呈現出另一種輕快的法國風情。

Sofitel的地點相當特別，1975年北越的坦克開進統一府，完成南北越統一，就在這家旅館前面的林蔭大道。也因為它的地點位置相當好，歷年來各國重要政治人物都會選擇下塌這家Sofitel。

這裡擁有頂樓游泳池，傍晚時可以坐在池畔酒吧，欣賞日落及夜幕低垂後的城市夜景。更貼心的是，旅館有時會特別為女性旅行者推出優惠套裝，例如可在Sofitel Club俱樂部享用早餐、午茶、雞尾酒，以及貼心的酒吧Check in服務或一些家庭旅遊優惠。

而服務方面，也承襲一貫的法式貼心，晚間會有服務人員送來精緻的小糕點及礦泉水，幫客人布置

06

好就寢準備。除此之外，這裡還有兩家相當受歡迎的餐廳，一家是自助式餐廳，晚餐提供豐富的海陸料理，無論是廚師精心料理，或是現場燒烤，滿廳的客人快樂用餐，更增添其佳肴的美味感。另一家則是法國自助餐廳，這裡的服務之專業，更達到頂級餐廳的標準，菜單上每一道料理的精緻度，都可看到法國廚師的用心！(請參見P.162)

Park Hyatt Saigon

http parkhyatt.grandluxuryhotels.com／✉2 Lam Son Square, District 1, Ho Chi Minh City／
☎ +84　28 3824 1234

01盥洗用品細心地放在木盒中／02Square One現代設計餐廳／03位於3樓戶外的游泳池及Pool Bar／04胡志明市時尚人士最喜歡的夜店Square One／05慵懶的Lounge Bar／06淡雅精緻的房間布置／(02,03,06照片提供：Park Hyatt Saigon)

雖然Hyatt是全球連鎖旅館，然而位於胡志明市的Park Hyatt，細心地將越南最精緻的美學帶入旅館的每個角落，整體設計落落大方地表現出國際化的大容氣勢。房間內無論是木床的樣式、寢具的質感、茶具及咖啡的選擇，都令人感受到這家旅館的優質感。這裡的盥洗用品也採用了頂級旅館專用的義大利品牌Comfort Zone。

此外，旅館內還有胡志明市區最頂級的SPA按摩中心，許多當地名人都喜歡到此運動或使用桑拿室及按摩池。3樓戶外是座熱帶雨林的庭園，旅館戶外泳池就在這裡，讓人一走到這裡，馬上將外面的紛忙拋諸腦後。旅館內有兩家餐廳，包括可欣賞到歌劇院建築的義大利餐廳及2樓的現代越南料理餐廳，另外還有胡志明市年輕菁英分子最愛的酒吧，而晚上慵懶的Lounge Bar，安排了高水準的現場音

樂，讓所有客人陶醉在迷人的西貢夜。

讓人離開西貢許久之後的某個時刻，還會不經意想起在這兒的美麗西貢夜，下午則可以過來享用Hyatt 精心準備的下午茶(週六為熱門的自助式午茶)。

InterContinental Phu Quoc Long Beach Resort

富國島

http www.ihg.com／✉ Bai Truong, Duong To Ward , KienGiang／☎ +84 297 397 8888

01

02   03

01富國島洲際坐擁絕美的日落景致／02、03優質舒適的房間設施／04兒童滑水道泳池就在這美麗的綠園中／05為富國島最高的日落酒吧，非常推薦！

富國島洲際位於距離機場約15分鐘車程的長灘上，秉持著洲際酒店一貫的高質感與專業服務，以完善的設施、地理環境，滿足各族群的需求。

一踏進旅館即可看到天花板上以富國島漁民的竹木船裝飾，開放式大廳，讓人從高處往下一路看向大海，充分展現海島度假氣場，日落時的景色更是美不勝收！

房間除了符合洲際的高水準外，小細節則可看到富國島的文化元素。但富國島洲際最棒的還是廣大的戶外泳池、庭園、沙灘。兒童池的設施尤其令人驚豔，與成人池分開，孩子可以盡情玩水，其他客人完全不受干擾。

長沙灘上放置著大沙發躺椅、各種玩樂設施，待在酒店沙灘就可玩上一整天，傍晚可到富國島最高樓酒吧看絕美夕陽景致，這裡的酒飲相當有水準。

05

Grand Mercure La Veranda Phu Quoc

富國島

http www.laverandaresorts.com
✉ Tran Hung Dao Street, Duong Dong Beach／☎ +84　2973982988

01戶外餐廳區，晚上有海鮮BBQ大餐／**02**大部分房間都有寬敞的陽台／**03**La Veranda的私人沙灘區／**04**早餐用餐區及餐廳／**05**超級收買人心的房間布置／**06**享受免費點心及飲料，慢慢Check in／**07**La Veranda絕對是南島法越風情的最佳詮釋

如果說河內的Sofitel Legend Metropole是百年歷史旅館的典範，那麼富國島的La Veranda絕對是法越風情旅館中，南國悠閒的最佳詮釋。擁有私人海灘的法式濱海建築，充滿濃濃的懷舊氣息。而綠意盎然的庭園區，則好像有著魔法似的，一路伴隨著服務人員親切的解說，搖曳於綠葉間的是白沙灘與湛藍的大海，真正的度假天堂，就該如此！

La Veranda度假村坐落在美麗的海灘上，建築大量採用實木、細亞麻布和馬賽克瓷磚，寬大的露臺、精緻的緣木雕花，散發著南島的慵懶式雅逸風情。由於度假村只有43間客房，所以服務人員能貼心地照顧到每位客人的需求。

房間的布置真是超級收買人心，實木床垂下白色的帷帳，天花板吊著籐編吊扇，現代的電視小心地收放在籐編老木櫃中，一推開百葉門，是寬敞的陽臺，兩把舒適的沙發與小桌子，讓客人坐下來好好享受眼前的綠意與富國島的悠然。

訂旅館的方法

教你網路訂房或當地找旅館的方法，以及注意事項。

如何選擇合適的住宿點

Traveling in Vietnam

考量1　地點所在的優勢

若是城市的話，可以住在靠近景點的古城區，較方便外出用餐及參觀景點；若是濱海，當然是有私人沙灘的濱海旅館為佳，最好附近方便用餐；另外還有些較特殊的住宿型態，像是著名的下龍灣頂級復古船(見P.77)，有提供五星級的房間及船上餐廳、SPA服務。

考量2　依據旅館價位決定

喜歡高級享受者，越南有許多價格合理的頂級旅館；想與各地旅行者交流者，各城市背包客區的青年旅館或經濟型旅館(Mini Hotel)當然是最適合的落腳處；若不想住太貴、但又不想太過簡陋者，越南這種中價位的旅館應該是數量最多的，最近也開始出現許多中價位的精品旅館。

各大城市旅館區

Traveling in Vietnam

越南幾乎每個城市都有一區平價旅館區，所以只要知道各城市的旅館區，下車後到那區找就可以了。若是搭Open Tour巴士抵達，巴士通常也會與平價旅館合作，下車後可以進去看看房間並議價。

城市	旅館區
河內	Ngõ Huyện Street(靠近大教堂)及老街區
胡志明市	范五老街(Pham Ngu Lao)及Bui Vien Street
沙巴	集中在沙巴市場(Cho Sapa)下面，從牌樓走下去穿過市場
順化	范五老街(Pham Ngu Lao)
會安	Ba Trieu Street／Hai Trung Ba Street
芽莊	Nguyen Thien Thuat／Biet Thu Street
大勒	Phan Dinh Phung／Truong Cong Dinh

▲US$30的房間廁所大概是這樣

▲家庭旅遊可考慮設有廚房設備的公寓式旅館(P.88)

住宿種類&價位

Traveling in Vietnam

越南住宿選擇非常多，費用很合理，建議可以趁機訂些高級旅館住住，同樣等級的旅館，通常比其他國家便宜許多。

如果想住中、高級旅館，可以事先搜尋網路及旅館的官方網站查詢是否有優惠價。若是民宿或經濟型旅館，網路優惠較少，也可以到當地再找並直接議價。青年旅館一般都會有空床位，但若是旺季，還是先預訂比較保險。

連鎖旅館

通常走的是現代化商務型設計，大部分位在市區、商場及機場附近，週末商務客人較少，常有優惠的Weekend價。常見的商務型旅館有：

旅館	網址
Accor	www.accorhotels.com
Mercure	www.mercure.com
Novotel	www.novotel.com 多設於機場附近
Holiday Inn	www.holidayinn.com

經濟型旅館

備有盥洗用品，但不一定提供吹風機。通常提供免費網路，早餐則不一定供應。雙人房每晚US$20～60。

精品設計旅館

備有盥洗用品，訂房時要注意有沒有含早餐。雙人房每晚US$80～120。平價設計旅館與中上價位設計旅館主要差別在於設施的材質及服務。

3星級旅館

備有盥洗用品，通常提供簡單的早餐及免費網路，但不一定提供吹風機，或者需向櫃檯借。雙人房每晚US$30～90。

4～5星級旅館

備有盥洗用品、保險箱，訂房時要注意有沒有含早餐，大部分有豐盛的自助式早餐。不過早餐通常要另外加價。雙人房每晚US$100～180。

青年旅館

無盥洗用品，提供簡單早餐、免費網路。費用約每人US$7～10。現在也有許多設計青年旅館。

民宿Guest House

房價視房型條件不同，如：房間是否含衛浴設備、房間大小。約每人US$6～10，開空調另外加費（約US$2）。通常不提供早餐。雙人房費用大約US$10～30。

▲大勒歐洲別墅型民宿Christina's Da Lat(P.95)

網路預約旅館

實用訂房網站推薦

全球便宜旅館網站

可找到各城市的青年旅館及1～3星級經濟型旅館與民宿，並詳列評比與照片。

http www.hostelbookers.com

綜合性旅遊網站

只要到城市的旅館部分，點選自己喜歡的旅館，再點選比價選項，就會自動跳出expedia、Venere、Hotels.com等知名國際訂房網站的價錢。

http www.tripadvisor.com.tw / www.hotelscombined.com

Agoda

可預訂青年旅館到各星級旅館、公寓、民宿。Agoda可累積點數折抵房價，須注意查詢時所顯示的價格通常是未稅價。

http www.agoda.com.tw

⁉️ 預訂旅館的注意事項

● **地點**：方便觀光及用餐為首選。

● **房間大小**：注意坪數。

● **取消規定及付費方式**：是否可以取消？幾天前可以免費取消？幾天後取消需要扣多少錢？付費是直接在網路上刷卡，或者先付押金、或到店才刷卡。

● **是否含早餐**：早餐是否包含在內。

● **大床或雙人床**：依個人需求在房型選擇或備註上說明。

● **加床費用**：若有孩童或第三位同行想住同間房，加床費用如何計算？特別注意：有些房間較小，無法加床，要先看清楚或寫信問旅館。

台灣訂房中心

台灣許多旅行社的網站也提供國際訂房服務。

http www.eztravel.com.tw、www.ezfly.com.tw

Airbnb

近年相當流行的全球民宿網站，可找到許多特色民宿，有些還可跟當地人進行一些文化交流，較為有趣。

想免費住宿及文化交流者，也可到沙發客網站搜尋(couchsurfing.com)。

http www.airbnb.com.tw

⁉️ 旅館可提供的服務

● **水**：標有Complimentary，就表示是免費的。但其他放在冰箱內的飲料則須付費，要看清楚旁邊的價目表；有些平價旅館會提供免費的礦泉水，否則大廳也有付費礦泉水。

● **網路**：幾乎所有旅館都提供免費無線網路。

● **套裝行程服務**：若想參加當地旅遊程，可以直接跟櫃檯詢問，幾乎所有旅館都有合作的旅行社，在櫃檯訂行程及付款後，旅行社會派車過來接客。不過這些行程大部分都是併團，有些價格便宜，但人多品質較不好。較高級的旅館行程自然也較貴，也可自己到外面的旅行社或上網預訂。

● **免費下午茶或按摩**：近年部分旅館開始推出住房可免費享用下午茶、Mini Bar飲料任喝、或甚至含按摩的住房方案。

住宿篇

Booking.com

　　大部分旅館都是免押金、到店付款，預訂時線上刷卡只是保證金額，並不會扣款。雖然無法累積點數，但忠實用戶都會直接回饋在房價優惠上，也可下載APP使用。

 booking.com

Booking.com 網路訂房步驟

Step 1 輸入搜尋條件
城市、日期、客房、人數。

Step 2 依評分搜尋
建議按評分搜尋旅館，點進自己喜歡的旅館，查看詳細資訊。

在此可勾選其他篩選條件

Step 2 查看資料
查看旅館資料，以及最重要的房客評價，有些實際狀況是照片看不出來的。並查看「注意事項」、「訂房須知」的入住及退房時間、加床、早餐資訊。

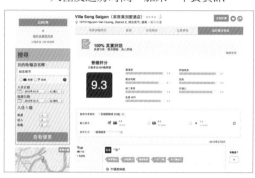

Step 4 選擇房型
除價錢外，還應注意坪數、最多入住人數、取消條款、早餐。點進每個房型可看該房間照片及詳細設備資料，如坪數、床鋪尺寸。

Step 5 選擇房間數
選完後按「立即訂房」。

Step 6 填寫個人資料

確定入住時間、價錢無誤後,填寫個人資料。

Step 7 勾選需求

額外服務選項、預計抵達時間、提出特殊要求,如:要求邊間 (Corner Room)、非吸煙 (Non-smoking)、雙床或大床等要求。

Step 8 保存電子確認信

填寫完後送出,會收到電子確認信,可將確認信存在智慧型裝置中,到場後出示房客證件即可。

到當地如何找旅館
Traveling in Vietnam

越南旅館真的很多,到當地後再找也不擔心沒房住。優點是可以住在自己實際看過、喜歡的區域,並可先看過房間及服務品質再入住。

除了直接前往背包客聚集區外,還可善用網路旅館預訂中心(前提是有網路可用),就不需拿著行李到處找房。

找旅館步驟說明

Step 1 下載 Booking.com 這類的訂房網站 APP

Step 2 抵達當地,例如自己比較喜歡的區域或景點旁,打開 APP,搜尋設定為「搜尋 2 公里內」(不想走路就找 0.5 公里以內的旅館)、「評分 8.5 或 9 以上」

Step 3 從搜尋出來的旅館清單中,尋找自己喜歡的風格與價錢

Step 4 線上預訂,或直接到旅館先看房間,滿意的話,問櫃檯是否可給 Walk-up rate 優惠價,通常會跟網路旅館預訂中心的優惠價一樣或更便宜

▲現也越來越多價格合理的四星級設計旅館

越南超值旅館推薦

越南頂級旅館的費用比其他國家還要便宜的多，可盡情享受，若想省錢，各類型的超值旅館可也多著呢！

胡志明市
Traveling in Vietnam

　　胡志明市最著名的是范五老背包客區(Pham Ngu Lao)，不過近年街區文化改變，晚上轉為狂歡的夜店啤酒街，不是派對咖可能會覺得比較吵。檳城市場附近有許多中價位經濟型旅館，地點便利，也很推薦。歌劇院附近則是高級旅館林立，有些是高貴不貴，可找一家享受一下。

　　目前胡志明市最奢華的旅館應該是河濱的西貢宋別墅旅館，但出入市區得搭一小段計程車。

　　3區可找到一些較有特色的小型精品旅館。此外，若想住機場附近，可考慮Park Royal或Eastin商務型旅館，亦或圖書館般的精品旅館The Alcove Library Hotel。

Christina's Saigon民宿

與旅人交流的親切環境

　　位於范五老區不遠處的獨棟別墅型Christina's Saigon民宿，充分詮釋了Airbnb的精神，小管家會親切的介紹環境、旅遊安全注意事項，彷如接待自己的朋友，並推薦許多當地人喜愛的美食餐廳，還可幫忙安排當地想進行文化語言交流的大學生做市區導覽。

🌐 www.airbnb.com.tw/wishlists/48234793

Orchids Saigon Hotel及 Gracy R&J Hotel

優質中價位旅館

　　Orchids Saigon雖位於較安靜的第三區，但站在統一宮前面的Pasteur街口就可看到旅館，距離聖母院及郵政總局等景點皆近。大廳氣派、服務好，房間設施及清潔度均在水準之上。

　　美術館附近的Gracy R&J Hotel，則推出入住即可免費享用下午茶及Mini Bar飲料。房間設施現代、舒適，距離檳城市場及美術館近，常可訂到一千多塊的超值特價房。

Orchids Saigon Hotel
✉ 192 Pasteur, Phường 6, Quận 3
📞 +84 28 3636 5222
🌐 orchidshotelsaigon.com
💲 約新台幣1,700元起

Gracy R&J Hotel
✉ 102 Lê Thị Hồng Gấm
📞 +84 28 3914 7070
🌐 dgpmhotels.com
ℹ️ 這兩家旅館都靠近機場巴士路線

Fusion Suites Saigon

自然系設計旅館

這家旅館的位置雖然到各區都要步行一小段距離，但旅館設計風格相當迷人，公寓式房間寬敞、齊備，且充滿舒服的大自然元素，早餐也很有誠意。房價雖不是特別便宜，但訂房套裝方案含專業的房客專屬按摩，若含按摩費用的話，則是可以接受的價位。

✉ 3-5 Suong Nguyet Anh Street
☎ +84 28 3925 7257
http fusionsuitessaigon.com
💲 約新台幣3,500元

▲房型設計很棒，寬敞又充滿讓人放鬆的大自然元素

Triple E Hotel

平價設計旅館

檳城市場對面的美術館旁，以大地色系房間設計，勾勒出優質、舒適的平價設計旅館。1F為專業

▲小巧整潔的平價旅館

咖啡館，周圍可找到許多道地小吃，前往檳城市場、咖啡公寓等景點均相當便利。

✉ 81 Nguyễn Thái Bình
http tripleehotel.com
💲 房價雙人房1,100元起

▲盡本分地提供讓人安心住宿的房間

Avanti Hotel

經濟型旅館

這家小型旅館，就位於市場正後方，地點相當好，無論往背包客區或聖母院區，皆在步行範圍內，且周區就有許多好逛的小商店及美味餐館。

隔壁的Anpha Boutique Hotel安華精品設計旅館相當有質感，屋頂的早餐也很棒。

✉ 186 Lê Thánh Tôn
☎ +84 28 3822 8066
http www.avantihotel.vn
💲 約新台幣1,500元

Citadines Regency Saigon

國際連鎖專業服務旅館

位於較優雅、安靜的第三區，步行前往統一宮僅約12分鐘路程，附近還有最推薦的高空酒吧Social Club Saigon (P.165)。除了地點外，這座國際連鎖旅館的服務相當專業，旅館設施及房間設備完善，有些房型還設有齊備的廚房用具，無論是家庭旅館或較長時間的商務旅客，均相當適合。

✉ 20-22 Pham Ngoc Thach St. Dist. 3
http www.citadines.com
💲 雙人房1,800台幣起

The Dorm Saigon

最優質的青年旅館

這家青年旅館就位於地點最方便的歌劇院附近、Sheraton飯店正對面，雖然有著沒有電梯的缺點，但旅館的絕佳位置以及高質感的寢具、衛浴、完善的公共設施，還是目前最推薦的胡志明市青年旅館！

✉ 63 Đông Du, Dist 1
☎ +84 28 3822 8686
http thedormsaigon.com
💲 一床350台幣起，雙人房700元起

峴港
Traveling in Vietnam

¥ Danang Golden Bay

金閃閃的絕美無邊際泳池

　　峴港新開幕的河濱旅館,地點雖然較偏,但旅館設備確實很不錯,尤其是高空無邊際酒吧,深受房客喜愛,為峴港市區高貴而不貴的選擇。

　　若想住在較熱鬧的區域,新開幕的Hilton及中價位的超值旅館Danang Brilliant Hotel也很推薦;若想住青年旅館,則可考慮最近很夯的設計青年旅館The Vietnam Hostel。

▲擁有絕佳景觀的高空無邊際泳池

✉ Lê Văn Duyệt, Nại Hiên Đông
☎ +84 236 3878 999
http dananggoldenbay.com
$ 2,400台幣起

▲行政房提供義大利高級香水品牌Acqua di Parma 的備品

¥ A La Carte Danang Beach

海灘前的高級度假旅館

　　A La Carte就位在峴港美麗的My Khe海灘前,還有個可眺望大海的頂樓無邊界泳池,並擁有絕美的日出景觀,住這裡一定要努力起床看日出!

　　無論是旅館布置、員工制服或態度,充分展現濱海度假的輕鬆氣息,只是旺季客人多時,大廳有可能像菜市場,服務品質也較差。房間還提供兩房公寓式房型,很適合多人共遊或家庭旅遊,附近還有同等級的Diamond sea旅館。

✉ Vo Nguyen Giap Street及Duong Dinh Nghe Street, Sơn Trà街角
☎ +84 236 3959 555
http www.alacartedanangbeach.com
$ 2,650台幣起

▲舒適的公寓式套房(只是抱枕有點臭)

▲為這無邊際泳池的日出美景,就值得來住一晚了

▲頂樓酒吧

會安
Traveling in Vietnam

　　會安古城的旅館多為老房子改建,古城周區的 Ba Trieu St.街也有許多經濟型旅館,步行到古城區多只要5～10分鐘,也是很理想的住宿區。若想濱海度假者,可考慮Cua Dai或An Bang沙灘區。

¥ La Siesta Hoi An Resort & Spa

▲優雅的大廳

悠閒度假風的四星旅館

　　位於會安古城區外,一家散發悠閒度假風的高級旅館,旅館布置極為優美,一踏進大廳馬上收買人心,大部分的服務人員也很客氣。旅館提供免費腳踏車及接駁車,在會安的沙灘區還有一處私人海灘。

- 📧 132 Hùng Vương St
- 📞 +84 235 3915 915
- 🌐 lasiestaresorts.com
- 💲 雙人房80美金起

▲充滿悠閒度假氛圍的庭園

¥ Venus Hotel & SPA

- 📧 116 Hùng Vương
- 📞 +84 235 3788 666
- 🌐 hoianvenushotel.com
- 💲 800台幣起

麻雀雖小五臟俱全

　　這家超值的小型度假旅館,就位於Essence旅館旁,同樣的位置,但價錢差很大。如果只要求簡單的泳池及健身設施,那麼這家服務親切的小旅館,就是最佳選擇。旅館也提供免費腳踏車及接駁車至沙灘區。

▲下午不會曬到太陽的泳池

◀簡單乾淨的房間

♥ Lasenta Boutique Hotel Hoian

田園風光盡收眼底

　　泡在泳池裡或在健身房裡運動時，眼前就是無盡的稻田、水牛、農夫，一片恬靜的田園景致，這就是Lasenta。

　　這家度假旅館雖不在古城中心，但距離古城並不遠，旅館也提供免費接駁車。而也正因為如此，房內空間都比古城區的還要寬敞許多，住來真舒心。再加上旅館設施算相當完善(除了酒吧的餐可以更好)，旅館附設的SPA按摩中心相當專業、早餐還算豐盛，很適合想找價位合理、又可放空度假的旅人。

✉ 57 Lý Thường Kiệt, Cẩm Châu
☎ +84　235 3933 552
http www.lasentahotel.com
$ 房價2,000台幣起

▲綠意盎然的中庭

▲房間坪數比一般旅館還要大

♥ Ancient House Resort & SPA

庭園古意盎然

　　位於古城外往海濱路上，整個度假村為白色的傳統房舍。旅館內的泳池設施，提供房客一個悠閒度假空間，而旅館的服務更是令人讚賞，周到又貼心。

✉ 377 Cua Dai Rd.
☎ +84　235 3923 377
http www.ancienthouseresort.
　com
$ 60美金起

♥ Vin Hung 2 City Hotel

另有2間分店可選擇

　　Vin Hung旅館在會安共有3間，第一家分店是古城區的古老建築，第二家則位於古城外5分鐘處，設備較為現代，並有泳池等休閒設施。

✉ 121 Ba Trieu St.
☎ +84 235 3920 757
http www.vinhhunghotels.com.vn
$ 雙人房70美金起

▲古城區不遠處的Vin Hung 2旅館

河內
Traveling in Vietnam

老街區是遊客最愛的下塌地點，參觀景點、用餐都很方便。不過也較熱鬧，若受不了老街的繁雜，也可考慮住歌劇院區或西湖區，現在新的優質餐廳幾乎都在這區。

Hanoi La Siesta Hotel & Spa

服務超乎想像的超值四星

雖說旅行在外，大部分時間都是穿梭於各景點，然而若是住到一家服務超乎想像，布置又極為賞心悅目的旅館，那麼旅館還真有為一趟旅行加分的效果。

La Siesta就是這樣一家旅館。服務貼心且專業，而且旅館無論在布置、餐飲的準備上，都可看到他們的用心。旅館位置便利，坐落於老街區。

✉ 94 Ma May St., Old Quarter, Hoan Kiem Dist., Hanoi
http www.hanoilasiestahotel.com

▲La Siesta的早餐豐富又美味，再次讓人感受到旅館的用心

La Siesta Trendy

調酒師現調迎賓飲料

服務貼心，辦理入住時，竟還有調酒師現調迎賓飲料，並提供詳細的河內環境與美食介紹！房間除了具設計感外，所有的使用動線也規畫得相當好，住來是舒服又愉悅(標準房的坪數較小，建議訂中價位房型)。早餐也相當精緻。

✉ 12 Nguyễn Quang Bích Phường Cửa Đông
☎ +84 24 3923 4026
http www.hanoilasiestatrendyhotel.com
$ 約新台幣2,500元

▲超大雙人床，房間動線規畫得相當好

Hanoian Elite Home Hotel

家一般溫暖的精緻旅店

古城區安靜的角落，有座像竹子般細長的小旅館，提供房客像家一般的溫馨服務。房間雖然不大，但因房間數不多，服務人員較能照顧到所有房客的需求，安全措施也做得很好。早餐的品質意外地高，尤其是越南河粉及炒麵，都做得相當美味。

✉ 35 Hàng Gà St.   ☎ +84 24 3381 3388
http www.hanoianelitehomehotel.com $ 1,350台幣起

▲雅致乾淨的房間裝潢

▲小巧簡約的用餐區

⚘ InterContinental Hanoi Westlake

西湖美景盡收眼底

　　河內洲際酒店(InterContinental Hanoi Westlake)位於悠閒的西湖畔，入住這家旅館，最推薦的當然是住在湖上的房型，坐在房間陽台就可靜享西湖之美。此外，泳池及健身房設施也相當完備，早餐則是最推薦的，除了一般的西式及越式料理外，還有現榨的鮮果汁吧、港式點心、日式及韓式料理；另外，蜂蜜做成的餐點擺滿桌，還有蜂蜜飛飛飛的整片蜂脾。

✉ 5 Từ Hoa Công Chúa, Quảng An, Tây Hồ
☎ +84 24 6270 8888
🌐 www.hanoi.intercontinental.com
💲 約新台幣5,200元

▲洲際的泳池設施棒，這裡也很適合親子旅遊

美奈
Traveling in Vietnam

　　由潘切轉進美奈，Ocean Visita這一帶比較多新旅館，但位置較偏，附近沒有什麼餐廳，不過新旅館的環境及價位較好。最理想的是Swiss Village、Coco Beach旅館2公里內的區域，這一帶的美奈灣海灘較漂亮，晚上用餐選擇較多，也有些商店。

⚘ Coco Beach Resort

快樂濱海小木屋

　　服務好，旅館內的設施及園區、海灘，也都充分散發著濱海度假氛圍，房間都是小木屋型，無論是情侶或家庭旅遊都適合。有些小孩一下子跳進泳池，一下子跑到海灘，又滾回綠草地上，幾乎整天都不需穿衣服，簡直就是個快樂天堂。

✉ 58 Nguyễn Đình Chiểu, Hàm Tiến
☎ +84 252 3847 111
🌐 www.cocobeach.net
💲 雙人房100美金起

⚘ Bamboo Village Beach Resort & Spa

悠閒的私人沙灘度假旅館

　　位於美奈較優質的度假區段，以中價位的房價提供悠閒的度假村環境。

　　館內綠意盎然的庭園，讓人一踏上通往房間的步道，就不由得放鬆了起來。房型分為靠近沙灘及庭園區的小木屋，以及大棟建築內的標準房。共設有兩座小泳池、按摩中心、簡單的健身房，並擁

▲綠意盎然庭園區內的小木屋

有私人沙灘，想在沙灘躺椅上躺到廢？很可以！

　　若想住更高等級的度假旅館，附近的Cham Villas、AnataraMuine、Sailing Club Resort Muine都很推薦。

✉ 38 Nguyễn Đình Chiểu, khuphố 1, Thànhphố Phan Thiết
☎ +84 252 3847 007
🌐 bamboovillageresortvn.com
💲 約新台幣2,000元

順化
Traveling in Vietnam

¥ Pilgrimage Village Boutique Resort & SPA

大理石浴缸超放鬆、超享受

靠近順化皇陵區一處綠意盎然且充滿皇城古風的度假村。業主本身就是建築師，因此旅館的建材都相當好，除了毫不惜本地採用上好木材外，浴缸更是優美的全大理石打造。寬敞的室內及室外陽台，提供度假氛圍十足的休憩環境。

✉ 130 Minh Mạng, Thủy Xuân, Thành phố Huế
☏ +84 234 3885 461
http www.pilgrimagevillage.com
$ 約新台幣2,500元起

▲房間設計除了舒適之外，也帶出了皇城古風

¥ Midtown Hotel

越住越讓人回味

這家旅館雖然有點老派，但很奇妙的是，住得越久，對旅館的印象越好。首先是服務非常棒，再來是早餐極為豐富，提供許多順化當地的特色餐點。當然，最主要也是因為房間相當乾淨，雖然布置較為傳統，但只要乾淨，就能讓人住得安心。

若想找便宜住宿，附近還有一家Moon & Sun Hostel。

✉ 29 Doi Cung Street, Tp. Huế, Thừa Thiên Huế
☏ +84 234 6260 888
http midtownhotelhue.com
$ 新台幣約1,000元起

富國島
Traveling in Vietnam

¥ Sol Beach House Phú Quốc

超值又歡樂的濱海度假旅館

不必花大錢同樣可以享有私人沙灘、吊床綠園泳池、完善的兒童設施、讓客人踩著沙喝啤酒的池邊酒吧，旅館還幫房客安排不同的活動，像是水上有氧運

▲別墅型房間內擺放著悠閒的躺椅，房間外還有小水池

動，讓房客們一起在泳池裡快樂做運動。

Sol Beach House距離機場僅約10分鐘車程，提供免費機場接駁，以及往返夜市的接駁車。除了旺季早餐時間客人很多這個小缺點外，其他部分好到令人完全不在意這個小缺點。

✉ Duc Viet Tourist Area Zone 1, Bai Truong Complex
☏ +84 297 386 99 99
http www.melia.com
$ 2,400台幣起

¥ Lahana Resort Phú Quốc

近市區的自然系度假旅館

若想住靠近市中心、又希望享有悠閒的度假氣息，那麼推薦Lahana Resort Phú Quốc。整體設計充滿了自然與綠意，房間寬敞，同樣採用大自然色系，健身房則是半開放空間。位於較高處的無邊際泳池，雖然不是很大，卻是房客們悠閒戲水、曬太陽的好地方。

✉ 91/1 Đường Trần Hưng Đạo, Khu Phố 7
☏ +84 353 363 446
http lahanaresort.com
$ 2,000台幣起

▶室內簡樸清幽的自然系風情

沙巴

Sapa Elite Hotel 開朗的民族風色彩	位於Victoria頂級旅館旁，房間布置帶出現代少數民族風，旅館服務人員也相當熱情。	✉ 012, Hoang Dieu Str, Sapa Town ☎ (0203)888-368，(0912)955-933 $ 700台幣起 ⁉ 若由老街市搭公車上山，在最後的巴士站下車後，往對面的小階梯爬上來就可看到

大勒

Dalat Palace Heritage Luxury Hotel 優雅法式度假氣息	優雅的1920年代法國殖民建築，典雅的木質地板與歐風裝飾，外面沁心的庭園、湖景，仍可讓人感受到當年法國人到大勒避暑的高雅度假氣息。	✉ 2 Trần Phú, Phường 3, Tp. Đà Lạt ☎ +84 263 3825 444 http www.dalatpalacehotel.com $ 4,200台幣起
Christina's Da Lat - Bich Dao Villas 歐風度假別墅	Christina's民宿在各大旅遊城市均已設點，提供優雅、價格又合理的住宿與獨特的服務理念。大勒共有2家分店，較靠近市區的為Green House，靠近保大夏宮的分館則是歐風別墅型民宿，房間布置真是太美了，超值！	✉ 8 Triệu Việt Vương ☎ +84 263 3822 753 $ 1,000台幣起 

富國島

Mango Bay Resort 低調安靜的自然風	適合喜歡環境較為天然、安靜度假者。旅館位置雖然較偏，但有長達700米的沙灘及絕美的日落。	✉ Cửa Dương ☎ +84 297 3981 693 http mangobayphuquoc.com $ 85美金起
Freeland 天然風的自由之地	幾年前一位葡萄牙籍的女孩，和加拿大籍的越南先生來到富國島後，決定在此打造一個自由之地，給客人安靜又舒適的落腳處，並提供潛水、島嶼探索之旅。	✉ To 2 Ap Ong Lang, Xa Cua Duong ☎ +84 94 4687 071 http www.freedomlandphuquoc.com $ 雙人木屋50美金起

應用越南文 ABC

應用單字

床單／khăntrảigiường
被子／mền
浴室／nhàtắm
毛巾／khăn lông
牙刷／bàn chải đánh răng.
牙膏／kem đánh răng.
肥皂／xà bong
洗髮精／nướcgộiđầu
電話、電視／phôn、TV
鑰匙、雨傘／chìa khóa、dù
護照／Ho chieu
較大／lớn hơn không
較便宜／rẻ hơn không

實用會話

還有空房嗎？
Có còn phòng không?

一個人／兩個人的房間多少錢？
Giá phòng cho một／hai người là bao nhiêu?

有含早餐嗎？
Có kèm theo bữa sáng?

我可以先看看房間嗎？
Tôi xem phòng trước có được không?

早餐是幾點？
Ăn sáng/tối lúc mấy giờ?

請幫我整理房間。
Xin hãy dọn phòng tôi.

我要退房。
Tôi muốn check out.

你有推薦的旅館嗎？
Có thể giới thiệu cho tôi một khách sạn khác được không?

可寄放行李嗎？
Tôi có thể để lại Hành lý ở đây không?

飲食篇
Gourmet

在越南，吃什麼道地美食？

只要在越南待過，你就知道越南的特色美食實在是太多了！不論是小吃、海鮮、水果，
或是到五星級飯店品嘗法越料理，都會讓你欲罷不能，滿載而歸。

經典越南菜

因位處南洋、鄰近中國，又受歐洲殖民的影響，料理手法豐富多元，且擅用香料⋯⋯

越南料理特色：清爽的南洋風味
Traveling in Vietnam

許多人形容越南菜為「清爽」，而「清爽」也是越南菜的料理主軸，雖然主要煮法有涼拌、蒸煮、炭烤，但就算是油膩的做法，也會配上大量的鮮生菜、加上幾片香又多汁的檸檬，而且隨附的調味料多是最正確的搭配。而越南的地理位置可說是中國與南洋文化的橋梁，再加上殖民時歐洲美食文化的注入，讓越南的飲食文化更是豐富了。

▲吃河粉時，店家會送上一大盆生菜讓客人自己加進湯麵裡吃

各地口味大不同
Traveling in Vietnam

各城必吃清單

河內／蛋咖啡、蝸牛麵、鱧魚鍋、雞肉河粉、炸豆腐麵、烤肉米粉

胡志明市以南／螃蟹湯麵Banh canh、牛肉河粉、甘蔗蝦、湄公河炸魚

順化／順化麵、順化蛋餅、檳榔葉牛肉捲、蜆飯Com Hen、迷你蒸粿

會安／白玫瑰、會安乾麵、會安雞飯

峴港／海鮮（螃蟹、扇貝、大蝦）、雞粥

芽莊、美奈／海鮮鍋、海膽、龍蝦

北越清淡‧中越精緻‧南越酸辣

越南料理可分為北中南三區：北部較注重香料及食材，著名的河粉(phở)及粉腸(bánh cuốn)就是來自北部；南部偏甜，中國及南洋移民多，香料、香菜也用得較多。

中越曾是古王朝的主要區域，深受皇宮貴族影響，飲食較為精緻，像是順化的宮廷料理與古色古香的庭園茶館文化；料理則有獨特的香味，也有許多精緻小食。

越南主要以米飯、河粉、麵為主食，常佐以魚露。此外，越式春捲、腸粉、粥及火鍋也是相當受歡迎的食物。受法國殖民所影響，法國麵包、咖啡及生啤酒，也是相當普遍的飲食，並可找到許多優質的法國餐廳。

麵食
Traveling in Vietnam

牛肉河粉
Pho Bo

▲牛肉河粉主要以24種香料熬煮24小時,所以越南最有名的河粉連鎖店取名為Pho 24。

雞肉河粉
Pho Ga

▲河粉除了牛肉河粉外,雞肉河粉(Pho Ga)也相當美味,湯頭都是整隻雞熬煮的鮮美好味道。

海鮮河粉
Hu Tien Pho

▲是湄公河三角洲的特色湯麵,一般會加蝦、魷魚、豬肉、豬肝。

卓麵
Pho Bo

▲白米漿做的細板條,最主要是製作卓麵的村莊泉水水質特別好,所以製作出來的麵質特別好吃,口感Q嫩。

會安乾麵
Cao lầu

▲會安特產的乾麵,這種蛋麵較粗,很有嚼勁,乾麵上放肉片、生菜及香脆的炸豬油。

順化麵
Bún bò Huế

▲順化細麵條,湯頭以牛大骨、蝦醬、香茅及乾辣椒熬煮而成。由於湯頭的香氣很特別,在越南相當受歡迎。

木薯粗麵
Bánh canh

▲米跟木薯粉混做的粗麵條,有些做成螃蟹湯麵,胡志明市當地市場Cho Thai Binh可以吃到。(詳見P.162)

蝸牛麵
Bún Ốc

蝸牛在越南還相當普遍,街頭小攤可吃到清香的蝸牛麵。(河內較多,P126)

雞蛋麵
Mi Trung

黃色蛋麵,通常會加肉片及蔬菜,湯頭清香。

前菜

Traveling in Vietnam

粉腸
Bánh cuốn

▲北越的小吃。米磨成漿後，淋在鐵板上蒸成薄片，內放碎肉及木耳捲成條狀，佐醬及生菜吃。

生春捲
Gỏi cuốn

▲春捲皮包鮮蝦、豬肉、豆芽等香料。中部地區的沾醬是花生+豆瓣，南部則是魚露醬。

炸春捲
Nem Ran／Chả giò

▲將包好的春捲油炸。最推薦的是網狀春捲皮做的Chả giò rế春捲(Mountain Retreat) Cha Gio Re春捲。

白玫瑰
Bánh bao Bánh vạc

▲會安的特產，類似餛飩，外皮以木薯粉做成，內餡為蝦肉。

山荖葉牛肉捲
Bo la lot

▲山荖葉具獨特的香氣及藥效，將碎牛肉捲在這種香草葉中，能烤出美味又健康的牛肉料理。

越式蛋餅
Bánh xèo

▲越南經典菜，將酥炸蛋餅、生菜包成捲餅吃。胡志明市的名店為粉紅教堂附近的Bánh xèo 46A(請參見P.159)。

甘蔗蝦
hạo tôm

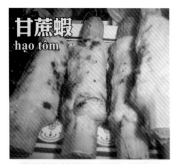

▲蝦泥裹在甘蔗外面炭烤，鮮蝦肉中盈滿烤甘蔗的香氣，是越南菜中的一款絕品。

芒果鮮蝦沙拉
Gỏi xoài

▲以青芒果及各種生菜、蝦調製的沙拉，口味清爽，調味與泰式沙拉略微不同。

香蕉花沙拉
Nôm Hoa Chuoi Gà

▲香蕉花切絲與花椒、小洋蔥、雞肉絲，再拌入檸檬汁、糖鹽調製的醬料，非常爽口的一道菜。另還有蓮藕沙拉(Gỏi ngó sená)或青木瓜沙拉(Gỏi đu đủ)。

主菜
Traveling in Vietnam

蓮花飯
Cốm Sen

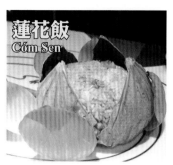

▲蓮子、越南臘肉、各種蔬菜炒飯，包在蓮葉中。

陶鍋飯
Com Nieu

▲放在陶鍋裡燉煮的米飯，有些會與海鮮一起煮(Com Nieu Hai San)，香氣十足。另外酥脆的鍋巴飯也相當受歡迎，胡志明市還有會飛的鍋巴飯。

烤肉飯
Com tám

▲碎米飯配炭火烤肉、煎蛋及蔬菜。

粥
Cháo

▲下午吃的小點心，粥熬成糊，再放酥脆的小油條(Quẩy)及肉鬆。

椰子蝦
Tom Cang Hap Nuoc Dua

▲鮮蝦與椰肉及椰子汁烹煮，增添蝦的鮮甜滋味。

越式烤牛肉

▲越式烤牛肉的醬汁通常為魚露及檸檬汁，這是常見的簡餐料理。

認識越南香料

越南菜的特色之一是各種不同的香料，但與印度不同之處在於越南的香料多為新鮮植物，例如香茅就是其中最普遍的一種。添加了這些獨特的香料，為菜色帶來許多異國的情調。常見的香料如：香菜(Rau ngò／Ngò rí)、鋸齒狀長香菜(Ngò gai)、紫花羅勒(Rau thơm)、泰國羅勒(Rau quế、Húng quế／Rau húng quế)、香茅(Cây xả)、稻田草(Ngò ôm)、薄荷(Húng cây／Rau bạc hà)、越南薄荷(Rau răm)、荷蘭薄荷/綠薄荷(Húng lủi)、大蒜(Tỏi)、魚腥草(Giáp cá／Diếp cá)、紫蘇(Tía tô)、蒔蘿／土茴香(Thì là)、香薷(Rau kinh giới)、假馬齒莧(Rau đắng)、羅旺子(Me)、辣椒(Ớt)。

海鮮
Traveling in Vietnam

炸鱧魚拌麵
Cha Cà

▲河內特色小吃—炸鱧魚、油蔥、生菜拌米線。

湄公河炸象魚
Cà Tai Tuong Chiên Canh En

▲湄公河的特產，整條魚連同鱗片下去炸，越南人油炸的技術相當好，酥脆香又能保留魚肉本身的細嫩。可以直接吃或者跟生菜包在春捲中吃。

螃蟹料理
Cua

▲蒸花蟹(Ghe Hap Voi Bia)、炒螃蟹(Cua Xao Toi)、炸軟殼蟹(Cua Lot Chien Bo)。

酸辣火鍋
Lẩu canh chua

▲以羅望子、番茄及各種香料為湯底，有點酸酸辣辣的，通常還會加秋葵等蔬菜，可選擇不同的魚類或肉類，例如鱧魚鍋(Lau Ca Loc)食用時可把湯淋在粉條及鯉魚吃，另還有山羊肉火鍋(Lau De)及海鮮鍋(Lau Hai San)。

海鮮胡椒檸檬沾料

▲烤海鮮最適合的佐料。

如何選購魚露

▲魚露加切片紅辣椒，是常見的越南佐料

魚露(Nước mắm)的Nước是水的意思，mắm是發酵後的魚或肉。越南魚露中，以富國島的魚露品質最好，潘切緊追在後。有些工廠也開放遊客參觀，可向旅館詢問。

品質好的魚露只能用小鯷魚跟天然海鹽，這樣才能做出富含蛋白質、香醇、不會太鹹或太腥的魚露，完整保留大海的鮮味。富國島的魚露，小魚捕獲之後，馬上新鮮送到工廠，放入大木桶中製造魚露。而潘切的小魚則因為魚小，內臟也較少，因此能釀造出清透的金黃色魚露。

選購魚露時可以看包裝上的標示，若包裝上標有40°以上的濃度，就表示是初釀魚露(Nuoc Mam Nhi Ca Com)，味道最鮮、最香醇。富國島的魚露還特別向法國申請AOC品質檢驗標籤，每公升的魚露必須含有20克的蛋白質，且必須是在富國島製造的，包裝才能印上「Phu Quoc」的字樣。

◀60°的高品質魚露

美食篇

海鮮攤(Hai Son Tuo)常見海鮮小吃

哪裡吃？峴港、芽莊濱海區域有許多海鮮攤。

烤扇貝

烤蛤蠣

炒螺

香茅炒螺

烤蝦

自己動手做做看

米紙(Bánh tráng)

米紙的製造成分包括米漿、木薯粉、鹽巴及水，加入木薯粉可讓米紙更具黏滑性。製作米紙時先將米漿倒在熱盤上蒸，約1分鐘後拿起放在藤架上，再搬到外面自然風乾。手工製的米紙與機器製的米紙口感很不一樣，購買時，若是米紙上有清楚的藤架交織紋路，就可判定為手工製米紙。

食用方式： 泡在水裡約2分鐘，或者直接包生菜與熟食食用；也可包入餡料放進油裡酥炸或炭烤。

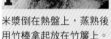

1 米漿倒在熱盤上，蒸熟後用竹棒拿起放在竹簾上。

2 搬到外面自然風乾

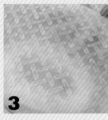

3 若是手工製的好米紙，會看到藤編的交織痕跡，味道比機器製的還要好喔！

越南蝦春捲Gỏi cuốn

1 調醬：將花生醬及醬油膏打勻，再放入花生、蒜頭、辣椒。

2 將米紙放在盤上

3 放上生菜、豆芽、豬肉片，將切半的蝦子紅色條紋面向米紙，呈心狀擺放。將左右邊的米紙捲進來，再從底部往上捲。

小吃
Traveling in Vietnam

火腿糯米
Banh Day

▲火腿跟糯米糰包在香蕉葉中，有點像肉粽，口感很棒。

鐵板小蛋餅
Banh Khot

▲南部一些小吃攤可找到。在小圓鐵板上烤成的一口小蛋餅，有些還會放上溪蝦，包生菜吃。

炸豆腐
Đậu hũ chiên xù

▲北越的早餐或點心，可以拌乾河粉一起吃。

鴨仔蛋
Balut

▲未孵化完成的鴨蛋，雖然有點可怕，卻是越南人眼中的滋補絕品，沾鹽巴、胡椒粉及辣椒吃。

越南三明治
Banh Mi

▲法國麵包在越南是隨處可見，而且口感是出奇地好。越南人會在法國麵包裡夾蛋、越南火腿或者烤肉、醃蘿蔔、小黃瓜、香菜等，令人讚歎的好滋味，適合當早餐或點心吃。會安的Bánh mì Phượng是目前覺得最好吃的越式三明治店。

粉絲
bún tàu／miến

▲用黃精根蒸曬的粉絲，口感有點類似冬粉，牛肉湯麵也可選擇這種麵條。

烤肉米線
Bún Chả

▲將烤肉放在醬湯中，並以類似沾麵的吃法，米線就白酒醋、魚露、金色砂糖等調成的醬汁及生菜吃。這可是歐巴馬拜訪河內所吃的著名小吃。

拌米線
Bun Ca Mai

▲烤雞肉、蝦肉、豆芽、香草、醬料拌米線。另也相當推薦河內的牛肉拌麵Bún Bò Nam Bộ(P.126)。

美食篇

甜點
Traveling in Vietnam

甜湯
Chè

▲豆類、糯米煮成的甜湯，另外還會加水果及椰奶，可冷飲或熱飲。南越潘切小鎮的甜湯還放海帶，竟是讓人想不到的好滋味！

烤布丁
Bành Flan

▲越南的蛋就是好吃，無論是鹹食，還是做成甜品的手工烤布丁，到越南可別錯過了。(胡志明市的Chơ Thai Binh市場有美味布丁攤)，(P.162)。

椰糖
Keo dua

▲湄公河三角洲的某些製糖廠的椰仁含量較高，所以特別好吃，跟一般市場上所賣的椰糖大不相同。

椰子冰淇淋
Kem Dua

▲將冰淇淋放在新鮮椰殼中，可和殼內的椰仁一起吃。

越南蔬果Trai

越南有許多獨特的熱帶蔬果，除了常見的火龍果、山竹、波羅蜜外，還有：

西印度櫻桃
xê-ri

▲富含維他命C，味道有點像楊桃，不過果肉很少，越南人將這種水果當零食吃。

蘭撒果
bòn bon

▲外表類似龍眼，但果肉酸酸甜甜的，相當好吃。

山刺番荔枝
Soursop

▲綠皮帶凸刺，像釋迦，但口味介於釋迦與荔枝之間，有種獨特的清香氣。很推薦購買山刺番荔枝的果乾。

越南冰咖啡(Cà phê sữa đá)

有人說全世界最好喝的熱咖啡在中南美洲及非洲,而全世界最好喝的冰咖啡則在越南。對於這句話我毫不懷疑,越南咖啡的重烘培法,讓它的味道特別濃厚,因此非常適合倒進滿杯冰塊中。除了黑咖啡之外,越南人還喜歡在咖啡中加煉乳,創造出獨特的越南咖啡風味。

越南目前是全球第二大咖啡出口國,最好的咖啡來自邦美蜀(Buon Ma Thuot),號稱為世界十大最佳咖啡產地。越南著名的咖啡品牌中原咖啡(Trung Nguyen)就是來自這個省分。

此外越南咖啡最著名的應該是貂咖啡豆(Ca Phe Chon):貂吃進咖啡豆,經過體內的酵素融合後,排出的咖啡豆竟有巧克力香味,因而聲名大噪。由於這種咖啡豆產量相當少,因此市面上也有仿貂咖啡豆。

越南咖啡物美價廉,一杯約越幣9,000～25,000;咖啡館內的咖啡一杯約越幣22,000～75,000。

生蛋咖啡(Egg Coffee)及椰奶咖啡(Coconut Cream Coffee)

有趣的是,近年河內還很流行一種生蛋咖啡,有人笑稱為「混蛋咖啡」,因為1946年河內Giảng Café咖啡館(見P.125)的老闆,首創將生蛋打進咖啡攪拌後飲用,其實作法及口感就像提拉米蘇。除了生蛋咖啡外,以綿滑香濃的椰奶取代牛奶的咖啡,也是最近流行的飲品。而順化還有一種加了鹽引出咖啡甜度的鹽咖啡Salt coffee(Cà phê Muối／10 Đường Nguyễn Lương Bằng)。

越南咖啡品牌

目前最著名的越南咖啡包括:中原咖啡(Trung Nguyen)及高原咖啡(Highland Cafe)。中原咖啡不但咖啡品質好,還是越南最佳企業,而且也是首家通過歐洲認證的品牌,可安心消費。這個品牌創立於中越的邦美蜀,也就是越南最適合種植咖啡的地方。該企業透過咖啡種植,改善當地少數民族的生活,並幫助低收入戶、清寒學生就學、就業。高原咖啡可說是越南版星巴克,咖啡館設計高雅舒適,多設在商場及辦公大樓內。

河內Cộng Cà Phê、西貢Phu Long 咖啡

北部的河內目前最熱門的連鎖咖啡店為以老共產社會為主題的Caphe Cong;南部的西貢則是專業咖啡及茶起家的Phu Long福隆咖啡,奶茶及水蜜桃茶也相當受好評。中越峴港推薦The Espresso Station及43 Factory Coffee Roastery。

自己動手製作越式咖啡

1 放入煉乳:再將3湯匙咖啡粉放進滴壺中,最好是中顆粒的越南咖啡,才不會滴得太快。

2 倒進熱水:先倒一點點熱水,讓咖啡粉吸收水分後,再加滿水。

3 攪拌均勻:將滴壺拿開後,攪勻煉乳即可飲用。若要喝冰咖啡則可再加冰塊。

01冰咖啡分為黑咖啡或加煉乳的白咖啡兩種／02Phuc Long福隆咖啡是胡志明市最受歡迎的咖啡連鎖店，茶飲及咖啡豆品質也很好，最推薦水蜜桃冰茶／03Cafe Renam 推出許多精緻的周邊產品／04目前河內最受熱門的生蛋咖啡及椰奶咖啡／05Cafe Renam 除了高雅浪漫的設計外，餐飲方面也相當多樣／06鄉間很多咖啡館都設有吊床，客人愛在那裡躺多久，就躺多久／07除了蛋咖啡創始店Cafe Giang外，以創辦人之女命名的Cafe Dinh也相當推薦(P.125)／08胡志明市檳城市場旁的書牆咖啡The Hidden Elephant Book & Coffee(P.162)

飲料
Traveling in Vietnam

甘蔗汁
Nước mía

▲隨處可見的涼飲，搾甘蔗汁時會與金桔一起搾，真是又甜又香，每天必來一杯！

越南涼茶
Nước trà

▲Nước trà是茶的意思，味道較濃。有些餐廳會提供一種越南傳統茶Tra Da，味道近大麥茶。

雷公根汁
Rau mà

▲新鮮雷公根打成的綠色健康飲料，具消暑解渴及解毒效果。

蓮花茶
Trà sen
茉莉綠茶
Trà chi nhài

▲這兩種是越南普遍可見的清香好茶。

大勒紅酒/白酒
Vang Dalat

▲大勒特產

藥酒
Rượu thuốc

▲猛獸泡製的藥酒

百合花茶
(朝鮮薊茶)
Trà Atiso

▲保肝養生又香氣十足

椰子汁
Nước Dua

▲最衛生的天然飲品

啤酒之旅，品嘗各區啤酒的好風味。 「飲酒過量有礙健康，未成年請勿飲酒。」

越南的生啤酒釀製方式與捷克相同，有股清香沁涼的麥香味。下班時間，總會看到許多越南人圍坐在路邊小攤，喝當地自產的生啤酒。路邊的小攤通常是裝在大桶或塑膠瓶中，另外在當地超市也可買到玻璃瓶裝的生啤酒。因此到每個城市都可找到以各城市命名的啤酒，例如河內啤酒Bia Hanoi，或者西貢啤酒、333啤酒、順化啤酒及會安的Larue啤酒等，到越南不妨來趟迷人的啤酒之旅，品嘗各區啤酒的好風味。

▶Can Tho生啤酒：雖然是小地方的啤酒，但比起西貢啤酒，可是有過之而無不及喔！

▲會安Larue Beer
▶西貢啤酒
Saigon Beer

越南用餐須知

一般不須給小費，桌上濕紙巾多要收費。

如何點菜

Traveling in Vietnam

越南人的飲食習慣跟中國人很像，也是點合菜大家共享。通常前菜可點生春捲或沙拉，然後是魚肉類的主菜、蔬菜、湯及白飯或炒飯。若是點河粉，還可以點春捲之類的前菜，單吃河粉可能比較容易餓。

用餐禮節

Traveling in Vietnam

- **濕紙巾**：小吃攤桌上會有濕紙巾，使用的話，有些小攤會收取濕紙巾費。
- **免費冰綠茶**：小餐館會提供免費冰綠茶。
- **小費**：一般不須給小費，但如果覺得服務不錯的話，可以斟酌給越幣2萬元小費。
- **高級餐廳衣著**：到高級餐廳吃飯，衣著還是不要太過隨便。

一天餐飲介紹

Traveling in Vietnam

越南人一天三餐：早餐、中餐、晚餐及下午的點心時間。

- **早餐**：早上當然得來碗越南河粉，才能將在越南的胃打開來迎接美好的一天。除了河粉之外，越南三明治或粥也是最常見的早點。
- **中餐**：自助餐飯、烤肉飯、河粉等，都是常見的午餐。
- **午點**：下午3～6點還會吃烤米餅或越南三明治之類的點心。
- **晚餐**：菜、飯、魚、肉等菜色，跟中國用餐方式有點類似。

認識越南餐具

越南就連餐具都深受中國及法國影響，高級餐館會同時提供筷子、叉子及湯匙。

餐廳類型

越南哪裡尋好味？路邊攤及優雅法國餐廳當然最精采⋯⋯

街頭小吃大觀

Traveling in Vietnam

　　走在越南街頭，誘惑簡直就是太多啦！街頭是一攤越南媽媽擔的河粉湯，再過來是炸豆腐，旁邊是鐵板小蛋餅，再來又是一攤搾甘蔗汁，然後街尾擺的是越式法國三明治⋯⋯簡直是沒完沒了，一條街走下來當然得不停地吃吃喝喝，否則可真要捶心肝啦！

▲Chao粥店，越南常見小吃攤

　　越南的街頭小吃，絕對是當地美食的精華，請務必練好鐵胃來訪越南。有些小攤即使對遊客收外國人價，基本上還是很便宜的，嘗鮮小試就好(不要知道他們是怎麼洗碗的)。

◀越南婦女實在是太偉大了，小吃攤就是用一根竹棍及強壯的肩膀撐起的，一邊是熱鍋、一邊是熱高湯，再帶上幾張小椅子，疊高的小椅子還可以充當小桌子，放置生菜或佐料

小吃店Com

Traveling in Vietnam

　　Com指的是「米飯」的意思，小吃店(Quan com binh dan)門口會放著「Com」的招牌。通常提供炒飯、炒菜、魚肉料理，有點類似台灣的自助餐店。

連鎖餐廳

Traveling in Vietnam

　　越南的連鎖店也越來越多了，可說是高級版的小吃店。不敢吃路邊攤的話，可以選擇這種較衛生的連鎖店(大型商場都找得到這些連鎖店)。

▶▶Pho 24河粉連鎖店

　　24種食材熬煮24小時的河粉店，是目前越南境內最大的連鎖店，在越南旅遊不看到這標著24的淺綠色招牌也難。這家店的河粉雖然比較貴，不過它所講求的是開放式的乾淨廚房與不放味精的湯頭。

http www.pho24.com.vn

▶▶ Wrap & Roll春捲專賣店

想吃各種不同的春捲,來這家連鎖店就對啦!這裡有越南各區的美味春捲,不但衛生,用餐環境是既清新又有活力,榮獲越南最佳連鎖餐廳。除了春捲之外,這裡也提供越南沙拉、飯及各種經典美食。

http www.wrap-roll.com

▶▶ Hung及Mon Hue越菜連鎖店

越南河粉起家的Hung,現在拓展為連鎖店,店內的菜單不但精采,菜色也相當有創意,可吃到越南各地的特色美食。初到越南,來這裡就對了。市區百貨公司美食街可看到分店。另一家類似的餐廳為Mon Hue。

http www.comtammoc.com

▶▶ Kichi Kichi小火鍋店

這家連鎖店在越南非常火紅,採吃到飽的收費方式,價錢分為兩種,一種是旋轉盤上的火鍋料吃到飽(包括青蛙、魚頭等越式火鍋料);另一種價錢還可任吃沙拉及壽司吧的各種菜肴、點心。

⁉️ 飲水須知

自來水不宜生飲,最好飲用煮沸過的水或購買瓶裝礦泉水。買的時候要看瓶口是否密封完好。越南的瓶裝礦泉水,最常見的牌子是La Vie跟Aquafina。超市大瓶約越幣9,000,小瓶約越幣4,000,外面小攤或雜貨店大瓶水約越幣10,000,小瓶水約越幣6,000。

應用越南文ABC

實用會話

早餐／Ăn Sáng
午餐／cơmtrưa
晚餐／cơmtối
餐廳／Nhà Hàng
菜單／Thực đơn
食物／Thức ăn
飲料／Đồ uống
筷子／Đôi đũa
海鮮／Hải Sản
雞肉／Gà
牛肉／Bò
豬肉／thịtheo
螃蟹／Cua
魚、蝦／Cá、Tôm
炒、炸／xào、nổ
烤、蒸／quay、chưng
煮／chử
開動／Ăn ngon nhé
乾杯／Chúc sức khoẻ!
瓶裝水／Nuoc suoi
我餓了／Tôi đói (bụng)
我渴了／Tôi khát nước
我吃素／Tôi ăn chay
不要太辣／Khong rat cay
請不要加辣／Khong co ot
好吃／ăngon
我吃飽了／Tôi no rồi
帳單／Hóa đơn
你想吃什麼／Bạn thích ăn cái gì
綠茶、冰茶／Trà、Trà Dá
椰子汁／Nước Dừa
芒果汁／Nước Xoài
檸檬汁／Nước Chanh
柳橙汁／Nước Cam
蘋果汁／NướcTáo
煉乳／Sữa
咖啡(熱)／Cà Phê Đen (Nóng)
冰咖啡／Cà Phê Đá
鮮奶／Sữa Tươi
水果冰沙／Sinh Tố

玩樂篇
Sightseeing

在越南，有哪些玩樂方式不可錯過？

越南比較沒有像吳哥窟那樣流傳千古的歷史名勝，但它在悠閒與在地特色上，
吸引了遊客關愛的眼光，尤其是多元的當地行程，你一定要嘗試一下。

旅行＝規畫

如何安排越南行程

去南越？還是北越好？

其實中越的會安、峴港、順化最好。一般來講，北越人個性比較拘謹，遊客剛開始可能會覺得他們有點冷漠，不過河內古城的歷史文化氣息確實比胡志明市濃厚，近年開了許多創意商品店，北越也有著名的下龍灣及寧靜梯田景觀的沙巴山區。不過河內市區景的點就還是比較嚴肅些，大概一天就可以看完。

反之，南越人比較開朗，整個氣息也比較悠閒，適合輕鬆度假。附近的美奈小漁村、芽莊，或是純樸的南部離島富國島，都是相當理想的度假地；而湄公河三角洲的水上人家，特殊的生活方式，也吸引各國遊客前往。

如果是第一次到越南旅遊，中越的會安古城及順化，那股迷人的老越南氣息，絕對會讓你流連忘返。峴港悠閒的海港氣息，更是放鬆度假的好地方。而大勒這個高原避暑勝地，可是越南人心中的蜜月首選，來趟摩托車之旅暢遊附近郊區，最是愜意。

旅遊高峰期

旅遊旺季是黃金週4月29日～5月2日、6～8月、國慶日9月2日。春節及5月初的黃金週，越南人放4天假，這期間同時也是中國及日本的長假，旅遊價錢較貴；近年中國遊客多，十一長假也是熱門時段。

01熱門的湄公河三角洲行程／**02**芽莊及美奈都是理想的濱海度假地／**03**與世隔絕的沙巴山城／**04**參加健行行程最能悠賞沙巴之美

善用當地套裝行程

由於越南公共交通設施較不完備，若要到郊區遊玩較不方便，直接參加當地套裝行程，算是最方便且省錢的方式。越南的服務網相當完善，除了在旅行社購買行程外，所有旅館也都和旅行社合作，客人可以直接跟旅館櫃檯預約當地行程。只要告知時間、人數、預先付款(或者旅館退房時一起結算)，旅行社會派車到投宿旅館接客，可說是服務到家。

當地旅行社看這裡

■The Sinh Tourist

越南最著名的旅行社，越南Open Tour Bus旅遊服務的創始者。原本稱為Sinh Café，現在更名為The Sinh Tourist。很多旅行社都會掛上他們的代理招牌，隨處都可看到這家旅行社的名字。胡志明市位於背包客區的總店，現在裝潢得相當氣派，無論是越南境內機票、巴士或當地及國內、國際行程都有。(另一家類似的是Hanh Café)。

http www.thesinhtourist.vn

■Buffalo Tours

頂級旅遊，行程及設備當然是比較高品質，服務態度也非常好。

http www.buffalotours.com

* 以上資料時有異動，出發前請再次確認。

越南特殊節慶

中秋節(Tet Trung Thu)

時間：農曆8月15日

特色：各城市會有大型晚會，會安城尤其美麗，古城掛滿燈籠。

鬥牛節(Do Son)

時間：農曆8月9日

地點：海防市Do Son地區(河內市區的旅行社有套裝行程)

特色：比賽之前，5月中及6月8日會先舉辦選拔賽。比賽時，整個會場圍滿紅布，每隊12個年輕人，牽著矇上紅布的水牛上場。越南人認為兩隻水牛激鬥的情景，象徵著他們在海上遇到大風雨無畏的精神。

大象賽跑(Elephant Race Festival)

時間：約農曆3月

地點：大勒省Buon Don地區Don村

特色：高地少數民族Nong的特殊節慶，比賽當天，3個村莊的族人會穿上他們最好的傳統服飾在Don村集合。比賽時約有10隻大象開始賽跑，所有觀眾在四周叫喊、加油著，充滿節慶的熱鬧氣氛。

越南行程規畫建議

富國島(或美奈)＋
胡志明市五天四夜濱海度假行程
Traveling in Vietnam

Day 1：直飛富國島，抵達旅館，搭乘洲際高樓酒吧看日落，遊逛夜市

Day 2：旅館早餐，搭乘富國島纜車，中午香島午餐或Ben Ham Ninh碼頭水上餐廳，富國島翡翠灣JW萬豪酒店下午茶或雞尾酒，Sao Beach白沙灘，漫步日落行程

Day 3：旅館早餐，飛胡志明市，胡志明市美術館、歌劇院、聖母院、郵政總局，走訪The Social Club屋頂酒吧，Mountain Retreat屋頂餐廳或Bánhmì Huỳnh Hoa豬肝醬法越三明治或Bánh Mì 37 Nguyễn Trãi香茅風味烤肉三明治，咖啡公寓，按摩

Day 4：背包客街早上河粉攤(Nhàhàng Cỏ 3 lá餐廳前，207 Bùi Viện)，太平市場螃蟹羹、傳統布丁、甜湯，粉紅教堂、Chợ Tân Định市場、Banh Xeo 46A越式煎餅餐館或中國城豪仕坊傳統大雜院、添輝鴨腿麵，Saigon Square 1運動服飾便宜買，The Hidden Elephant Book & Coffee老屋書牆咖啡，Bep Me In或Pizza 4P's Ben Thanh批薩晚餐，高島屋Saigon Centre購物中心及超市

Day 5：搭機回台

＊若不想飛到離島，也可考慮前往4個小時車程外的美奈漁村濱海度假地，臨沙灘的度假村選擇多，目前仍是個單純的度假區，還可搭吉普車前往大沙漠般的沙丘看日出或日落(請詳見P.150)。

女孩們的胡志明市
網紅拍照行程
Traveling in Vietnam

Cafe Terrace叢林鳥籠餐廳早餐 ⟶

聖母院 ⟶

郵政總局 ⟶

郵局旁THE CRAFT HOUSE文創小店 ⟶

38 Flower Market Tea House 1網美茶店 ⟶

粉紅教堂(耶穌聖心堂) ⟶

Banh Xeo 46A越式煎餅餐館 ⟶

Mie Nails美甲店 ⟶

B Relax按摩 ⟶

Landmark 81高樓咖啡館或日式餐廳用餐

玩家帶路

玩樂篇

北越7天旅行路線
Traveling in Vietnam

河內進出

Day 1：住宿河內，遊遍劍湖、老街區及教堂區，晚上看水上木偶劇或河內歌劇院表演(P.123)

Day 2：胡志明陵寢及故居、文廟、美術館、民族博物館，晚上搭夜車到沙巴

Day 3：沙巴健行，夜宿沙巴

Day 4：沙巴市區，傍晚搭車回河內

Day 5：參加兩天一夜下龍灣遊船，或搭火車到海防市，轉搭船到Cat Ba島

Day 6：搭船到下龍灣，下午搭巴士回河內，晚上享受高級越南菜或法國料理

Day 7：回國

南越7天旅行路線
Traveling in Vietnam

胡志明市進出

Day 1：胡志明市區：統一宮、教堂、郵局、粉紅教堂、咖啡公寓、美術館、檳城市場、夜市小吃、歌劇院AO Show或高空酒吧或范五老背包客區喝啤酒

Day 2：由胡志明市搭飛機到大勒，大勒市區

Day 3：大勒摩托車一日遊

Day 4：搭車前往美奈：享受美奈沙灘、傍晚到潘切吃小吃或做SPA

Day 5：參加白沙丘日出行程，搭車回胡志明市

Day 6：湄公河一日遊或古芝隧道及高台寺

Day 7：購物，回國

中越～初遊越南首選！

中越會安、峴港、順化5天4夜旅行路線

如果想充分享受度假氛圍，整體旅遊環境規畫得最好的中越，其實是很理想的地方；沒有河內及胡志明市的擁擠，旅館及城市規畫也較好。還可同時暢遊越南古文化及悠閒濱海度假。此外，會安最近登上全球最受歡迎的15大城市第一名寶座，台灣飛往峴港的直航班機也越來越多，可說是個說走就走的理想旅遊地點。

若是第一次旅遊越南者，可以直飛峴港，先前往會安古城，住1～2晚，遊古城、參觀美山遺跡、日出或潛水，接著到峴港海濱度假，可以住兩晚，第一天白天由峴港搭車或包車遊順化，第二天在峴港海邊放鬆，大啖海鮮、參觀巴拿山法國村。

注意：10～1月中越氣候較不適合海上活動。

Day 1：飛峴港國際機場(DAD)，搭車前往會安旅館，會安古城晚餐(The Morning Glory)，夜遊古城區及夜市、訂製服裝，Reaching Out茶館

Day 2：日出之旅，Banh mi Phuong越式三明治，中央市場，古岱海灘或椰子船之旅，會安雞肉飯，The Espresso Station或天泰號茶館，廟門遺跡拍照，古城老宅參觀，Faifo Coffee屋頂咖啡館觀景

Day 3：美山遺跡，峴港濱海旅館，沙灘戲水或占婆博物館或紐倫泰溫泉樂園，傍晚峴港Co Market市場吃小吃、亞洲公園

Day 4：順化一日遊

Day 5：巴拿山，五行山，Big C或Vinmart大超市掃貨

Day 6：Long Cafe傳統越式咖啡，回國

01迷人的會安古城榮升為全球最熱門的旅遊城市之一／**02**峴港市區有不少新潮咖啡館／**03**順化古城的小吃多樣，除了精緻的皇室料理外，當地小吃蜆肉飯也很值得一試

21天旅行路線
Traveling in Vietnam

河內進—胡志明市出

Day 1： 到達河內，住宿河內，遊邊劍湖、老街區及教堂區，晚上看水上木偶劇

Day 2： 胡志明陵寢及故居、文廟、美術館、民族博物館，晚上搭夜車到沙巴

Day 3： 沙巴健行，夜宿沙巴

Day 4： 沙巴市區，傍晚搭車回河內

Day 5： 清晨抵達河內，搭火車到海防市，轉搭船到Cat Ba島；或下龍灣兩天一夜遊船

Day 6： 搭船到下龍灣，下午搭巴士回河內，晚上享受高級越南菜或法國料理

Day 7： 搭飛機前往順化，摩托車一日遊

Day 8： 順化搭火車或巴士到會安

Day 9： 會安古城區

Day 10： 烹飪課程及沙灘區，會安搭夜火車或夜巴士到芽莊；或住峴港，略過芽莊

Day 11： 芽莊泥漿浴或出海遊島群；或峴港濱海活動

Day 12： 搭車；或峴港搭機前往大勒，抵達後先逛大勒市區及市場

Day 13： 大勒摩托車一日遊

Day 14： 搭車前往美奈，美奈沙灘放輕鬆

Day 15： 美奈日出行程、漁港及白沙灘、紅沙灘、潘切市區吃小吃

Day 16： 搭車到胡志明市，檳城市場、高空酒吧

Day 17： 湄公河一日遊(或三日遊)

Day 18： 胡志明市教堂、統一宮、美術館、享受頂級越南料理或法國料理、爵士酒吧

Day 19： 古芝隧道或高台寺

Day 20： 烹飪課程、按摩、購物

Day 21： 搭機回國

全越7天旅行路線
Traveling in Vietnam

　　越南雖然狹長，但若善用國內航班，仍可利用短短幾天的旅遊時間，暢遊幾個主要城市。

胡志明市進—河內出

Day 1： 胡志明市市區觀光、AO Show

Day 2： 湄公河三角洲一日遊、背包客區啤酒街或小吃之旅

Day 3： 胡志明市搭機前往峴港，住會安古城

Day 4： 會安搭車前往順化或峴港

Day 5： 順化或峴港搭機前往河內，河內老街區及教堂區、水上木偶劇團

Day 6： 下龍灣一日遊

Day 7： 搭機回國

＊若偏好濱海度假，可考慮不去順化，住峴港濱海度假旅館，之後由峴港直飛河內

越南城市導覽

古蹟名勝遍布的千年皇城
河內
/Honoi

越南的歷史古都，中法越深刻交融的文化韻味。

河內為越南首都，建城已有1千多年，古城內可看到許多遺跡，如36條老街、文廟，以及法國時代留下來的歐風建築，近年又有許多以傳統文化發想的創意設計品商店。

李太祖(Ly Thai To)首先遷都於此(11世紀)，城內大部分的老建築都是這個朝代建設的。當時建造了一座皇城，中心為皇居紫禁城，目前仍可看到三座城門遺跡。

胡志明統一越南後，將首都設於此，城內共有七十多座大大小小的湖泊，如還劍湖(古城區)及優質生活區西湖，都牽引著河內人的生活。

行程建議

Day 1
混蛋咖啡或牛肉河粉(P.125)或越式三明治、36條老街(刻印章P.124)、還劍湖、聖約瑟大教堂、周區購物、Bún Bò Nam Bộ 牛肉乾拌麵(P.126)或烤肉米線(P.125)、歌劇院、水上木偶劇或歌劇院音樂劇表演、啤酒街、週末可逛老街夜市

Day 2
胡志明博物館、胡志明陵寢、故居、一柱廟、文廟、美術館、火爐監獄、按摩及傳奇旅館下午茶，晚上搭夜火車到沙巴或隔天到下龍灣或往南到順化、會安

還劍湖(Ho Hoan Kiem)
傳奇色彩的河內名湖

✉ Đinh Tiên Hoàng ◷ 全天 $ 玉山祠3,000越幣 ➡ 還劍湖紅橋旁、靠古城區

據說15世紀李黎王(Le Loi)帶兵攻打中國軍隊時，受到感召，到湖中撈起一把「順天」劍，成功帶兵擊退元軍。戰後李黎王搭船到湖中時，有隻神龜浮出水面，叼走神劍，從此名為「還劍湖」。湖中可見一座龜塔，湖北則有祭拜神龜、關帝、文昌帝及越南興道王陳國峻三聖的玉山祠。據說1968年時還撈出一隻4、5百年的龜殼，因此許多人更是相信這個傳說了。

由於河內的交通相當繁亂，為了讓市民及遊客能充分享受還劍湖周區的悠閒，週末實施環湖封街措施，讓大家可以自由自在地在環湖馬路上溜滑板、跑步、吃冰、聽音樂！

此外，蓮花水上木偶劇附近還有一條小小的街道，也改為步行書街，各家出版社均在此設攤，讓大家悠閒看書、選書。

▲市中心的還劍湖有如河內的綠肺

古城區36條老街
(Old Quarter)
濃厚越南風生活氣息

✉ 還劍湖以北的36條街區　◎ 全年開放　$ 免費

當皇城建造完成後，許多工藝師也慢慢匯集過來，落腳於這36條老街，因此每一條街都以其專賣商品命名。越南文的Hàng是「行」，意思是「行當」，Phố是「街」，Ngõ則是「巷」的意思。例如銀樓街(Phố Hàng Bạc)上銀樓林立，涼席街(Phố hàng Chiếu)則是專賣竹蓆、簾布。雖然現在有些商店已現代化，不過仍可看到街上的小攤、甚至老人們每天早上都會報到的老咖啡專賣店，仍有著濃濃的老生活文化步調。

▲充滿濃濃老生活步調的36條老街

玩家帶路
4條值得逛逛的老街道

Hang Dao(越南最古老的街道之一，南北向主街)、Hang Ngang、Hang Duong、Dong Xuan，這四條街區週五～日也是好逛的夜市區。此外還有熱鬧的Dong Xuan傳統市場。

知名老街

Hang Bac 銀樓街	Hang Cha Ca 炸魚街	Hang Gai 絲街
Dau 鞋街	Pho Ngang 服飾街	Hang Luoc 墓碑街
Hang Duong 乾果街	Hang Buom 竹街	Hang Be 竹編街
Pho An Ong 中藥街	Ma May 籐街	Hang Manh 樂器街
Hang Ma 玩具街	Hang Quat 印章街	Hang Chieu 草編街

火爐監獄
(Hoa Lo Prison)
悲慘「河內希爾頓」戰俘飽受拷打

✉ 1 Hoà Lò, Trần Hưng Đạo　☎ +84 24 3934 2253　◎ 08:00～17:00　$ 3萬越幣　http hoalo.vn　➡ 由還劍湖步行約15分鐘

這座由法國人於1896年建造的監獄，位在古城區專賣火爐所需的材火煤炭街，因此稱為「火爐監獄」。雖然這座監獄有個幽默的暱稱「河內希爾頓」，但卻背負著沉重的歷史過往：法國殖民時期，倡導越南獨立的政治犯均被拘禁在此，遭受各種折磨；後來越戰期間，改為美軍戰俘的監獄。目前展示的照片讓人以為美軍在此的際遇彷如夏令營，但其實當時許多戰俘飽受嚴刑拷打，受盡「五星級的刑罰」凌虐。

河內週末夜市
好吃+好逛

每週五～日，古城區的Hang Dao街、一直延伸到東宣市場(Dong Xuan Market)，沿路擺著一攤攤的平價紀念品、服飾、小吃。尤其推薦123 Hang Buom的雞肉河粉，湯頭清香，乾麵也好推薦，人多一起用餐，還可單點一盤雞肉。而Mumuso韓國雜貨店對面的小洋裝服飾攤，則可買到最適合在東南亞旅行穿的戰鬥服。

◀河內週末夜市外的店Lucy's Dream服飾，可找到最獨特的服飾設計

聖約瑟大教堂 (St. Joseph's Cathedral)
巴黎風的哥德式教堂

✉ Pho Nha Tho ◷ 05:00～12:00、14:00～19:30(大門通常關閉,可看左側門是否開著) 💲 免費 ➡ 由還劍湖步行約5分鐘

　1886年啟用的聖約瑟大教堂,樣式仿造巴黎聖母教堂,為新哥德羅馬式風格。在河內空汙的洗禮下,外表烏黑,不過內部則有美麗的鑲嵌畫。最有趣的還是教堂旁有幾家河內熱門的茶店,總會看到許多年輕人聚集在此喝茶、嗑瓜子,教堂前的小街還有多家設計小店(面向教堂左手邊)及風格咖啡館。

文廟(Temple of Literature)
中華色彩的孔廟與國子監

✉ Văn Miếu, Đống Đa ◷ 4月中～10月中07:30～18:00、10月中～4月中08:00～18:00;週六均為08:00～21:00 💲 3萬越幣 ➡ 由陵寢步行約15分鐘,由還劍湖搭車約10分鐘

　文廟始建於1070年李朝時代,用以祭拜孔子及其四大弟子,後來又興建國子監,用來教育王公貴族子弟及優秀平民。

　內部共分為5座庭園,第三座庭園是碑文園,兩側長廊放置82座石龜碑林,為1484～1780年間82次考試的1,306位舉人姓名及出生地。除了參觀文廟本身,還不時可以看到穿著越南國服的大學生喔!

胡志明陵寢、故居、博物館、一柱廟 (Ho Chi Minh Mausoleum Complex)
紀念越南國父

✉ Hùng Vương, Điện Biên, Ba Đình 📞 +84 24 3845 5128 ◷ 陵寢週二08:00～16:30、週三～四及週六～日08:00～11:30,每年10～11月通常會閉館進行遺體保養;博物館 08:00～12:00、14:00～16:30 💲 陵寢免費、博物館4萬越幣 ➡ 由還劍湖搭計程車約10分鐘,或搭9號公車到18A Lê Hồng Phong下車

▶胡志明博物館

　深受人民愛戴的國父胡志明,遺體目前仍放在花崗岩陵寢內的水晶棺供大家瞻仰。遊客經過安檢後,可繞行陵墓一圈。陵寢後面是擁有美麗綠園及簡樸高腳屋的胡志明故居。對越南歷史文化有興趣者,也可到胡志明博物館參觀。最後可來到由一根柱子撐起的千年古廟一柱廟,建築猶如一根蓮梗上綻放的蓮花。參觀後可到附近的昇龍皇城看古城遺跡。

玩家帶路

河內博物館
　為慶祝河內立城1千年而建造的博物館,建築風格獨特,獲選為全球最美的博物館之一。但距離古城區較遠。附近有大型的Big C超市,也可與Lotte Tower排在同一天。

玩樂篇

河內

昇龍水上木偶劇
(Thang Long Water Puppet)
逗趣精采的越南民間藝術

✉ 57b Đinh Tiên Hoàng ◷ 15:00、16:10、17:20、18:30、20:00 💲 10萬越幣 http www.thanglongwaterpuppet.org ➡ 由還劍湖的玉山祠過馬路即可看到

水上木偶劇自李朝時期至今已有千年之久,源自河內附近的紅河三角洲,農暇時,農民們就在水中搭起戲棚,自娛娛人地將民間故事改編成木偶劇。越南的水上木偶由12條線操控,高約40公分,重7公斤,雕刻的造型都充分展現出農民的樸實之情。表演時,木偶師傅要站在約1公尺深的水中操縱玩偶,所以據說師傅都會先喝點魚露,再用老薑按摩,免得耐不住水寒。

越南可欣賞水上木偶劇的地方:河內昇龍水上木偶劇院(Thang Long Water Puppets)、還劍湖畔的蓮花水上木偶劇(Lotus Water Puppet)、民族博物館週末水上木偶表演(Museum of Ethnology)、胡志明市金龍水上木偶劇院(Golden Dragon Water Puppet Theater)。

▲越南的水上木偶有許多逗趣又精采的表演

玩家帶路

越南文化音樂劇
BOX LANG TOI - MY VILLAGE

胡志明市歌劇院的 AO Show,現在河內也固定的 LANG TOI - MY VILLAG 劇碼,將越南生活文化,以太陽劇團的表演方式呈現出來,劇中穿插的越南音樂相當有水準。

表演場地:河內歌劇院及VIETNAM TUONG THEATER 劇院

http www.luneproduction.com

越南美術館
(Vietnam Fine Arts Museum)
參觀越南藝術品

✉ 66 Nguyễn Thái Học, Ba Đình ☎ +84 24 3733 2131 ◷ 08:30～17:00 💲 4萬越幣 ➡ 由陵寢步行約15分鐘,由還劍湖搭車約10分鐘

這棟法式建築建於1937年,原為天主教女子招待所,後來改為越南美術館,收藏豐富的越南藝術作品。收藏品依年代區分,包括石器時代及青銅器時代的古文物及越南藝術家的現代作品、漆畫,相當值得參訪。

還有時間也可到越南民族博物館(Vietnam Museum of Ethnology)參觀,館內呈現越南 54 個少數民族的生活文化,包括具代表性的屋舍、服飾等生活文化,應是河內最用心策展的博物館。

Lotte Center Observation Deck
高空透明玻璃地面觀景台

✉ 54 Lieu Giai, Ba Dinh, LOTTE CENTER HANOI 💲 23萬越幣09:00～10:00、22:00～23:00半價優惠,家庭套票,孩童享半價優惠 http www.lottecenter.com.vn ➡ 由還劍湖搭9號公車約30分鐘車程

韓國樂天在河內新創的景點,膽大的遊客可站在65樓高空上的透明地板,往下鳥瞰市區景致及車流。此外還設有互動式設施、拍照區、韓國連鎖咖啡館及速食店。參觀後,可到樓下的樂天超市及百貨公司購物。

▲讓人腳軟軟的高空透明地面觀景台

♟ Collective Memory
創意商品店

📧 12 Nhà Chung 🕐 09:30～19:00
🌐 collectivememory.business.site

　　兩位店主人本身是越南生活雜誌的旅遊作家及攝影師，因此這家店特別以Home Magazine的概念布置，讓進來的客人，從店內的老舊家具、特選商品，看到河內人的共同生活回憶。

　　而商品也多為將越南生活文化元素帶入設計中的創意品，可找到一些當地創藝家及在河內居住多年的外國設計師的作品。例如這裡所販售的棉T就是一家三代均

為河內藝術家的作品，而令人愛不釋手的陶瓷品，則為在河內居住多年的西班牙及法國陶藝家所創作的。

◀充滿河內老生活回憶的創意商品店

♟ Tired City
獨立藝廊及創意商品店

📧 11A Phố Báo Khánh, Hàng Trống 🕐 09:00～22:00

　　這個新創的藝文空間，為越南年輕藝術家的舞台，業主以獨到的眼光，找到一些散發著獨特藝術氣息的創作品及設計商品，尤其是棉T的設計，可真是酷味十足。

▲喜歡藝術者，可在此找到具潛力的年輕藝術家作品

♟ Flora
女孩們的店

📧 62 Ấu Triệu, Hàng Trống 📘 FloraBoutique62

　　隱於教堂小巷的小店，一進門即是滿室花樣繽紛的商品，無論你是想找浪漫風、或有個性的包包，都可在這宛如寶庫的小店中找到。

▲獨特的側肩包　　▲厚實的坐墊

♟ Stamp DM
河內必刻肖像印章

📧 16 Hang Bong 🕐 09:00～18:00 ➡ 就在Kim Lang金飾店（可換錢）對街

　　河內街上有許多手工刻印店，但在街角擺攤的這位年輕人，竟能為客人刻製肖像印章，無論是可愛的孩子、或家人肖像，只要傳照片給他，幾個小時後就有個獨一無二的肖像印章囉！

　　此外，刻印章的小攤旁就有家超好吃的雞肉丸麵店，訂好印章後，記得過去吃一碗。

▲請認明這位有才的小哥
▶記得一到河內馬上過去刻印

Kem Trang Tien
枝仔冰老店

✉ 35 Tràng Tiền, Hà Nội ⏰ 08:00～21:00 ➡ 還劍湖畔的 Baoviet 銀行對面

　　1958年開設至今的枝仔冰店，為河內人最愛的冰店，每天人潮不斷。試過幾個特殊的口味之後，也默默成了常客，最推薦的是檸檬薄荷口味雪糕 (Lemon – Menthol)。

烤肉米線攤
路邊小吃魅力無窮

✉ 36 Hàng Hành

　　這家大樹下的烤肉米線攤，就位於還劍湖畔不遠處的靜謐小巷內，雖然不是歐巴馬吃過的名店，但中午用餐時間，當地客人絡繹不絕，為的就是這烤得香脆的肉片。清爽的米線，沾上烤肉及醬汁，真是讓人一口接一口！有時還會遇到同桌的熱心當地客人，告訴你該怎麼享用，這就是路邊小吃的魅力！

Ta Hien
河內啤酒街

➡ 由還劍湖步行約6分鐘

　　位於古城區的 Ta Hien街，被當地人稱為「洋人街」，這整條街都是洋人最愛的啤酒屋，是當地年輕人晚上最愛的區域。夜夜笙歌的一條熱鬧街道，可找天晚上過來享受歡樂夜及河內啤酒。其中以 13 號的 Thinh Vuong 及 18 號的 Quán Bia 最受歡迎。

Giảng Café
「混蛋」咖啡首創店

✉ 39 Nguyễn Hữu Huân, Hàng Bạc ⏰ 07:00～22:00

　　河內近年最流行的混蛋咖啡(Ca Phe Trung，見飲食篇P.106)，就是這家咖啡館首創的。這家咖啡館雖然只在老街外圍，但藏在一條狹長的巷底，得花點時間探險，也相當推薦最近很熱門的椰奶咖啡。

Cafe Dinh
浪漫的老咖啡館

✉ 13 Đinh Tiên Hoàng, Hàng Trống ⏰ 07:00～21:30

　　河內還劍湖北端還有另一家以蛋咖啡始祖的女兒所命名的Cafe Dinh。創始店Cafe Giang古樸，蛋咖啡當然沒話說，Cafe Dinh除了地點更方便、咖啡美味又漂亮外，整體感覺更帶了點老派的浪漫，好迷人。

玩家帶路
火車街與越南名建築師武崇義

　　火車鐵軌與居民的家門口距離僅約1公尺，每當火車經過時，彷彿貼著家門而過，沒火車時，則是居民納涼的後院。這長約700公尺的火車街，因此成了河內最獨特的生活風景。目前為遊客熱門拍照地點，也開始出現設計小店。

　　武崇義為越南著名的隱士建築師，大量採用越南當地的竹子為建材，若想欣賞他的作品，不妨搭計程車到Lã Vọng Restaurant Phú Cát餐廳(QI21 Cầu Vai Réo, Phú Cát, Quốc Oai，距離還劍湖約40分鐘車程)。

✉ 120 Lê Duẩn, Cửa Nam ➡ 由河內火車站步行約10分鐘

Sofitel Legend Metropole
傳奇旅館下午茶

☒ 15 Ngô Quyền, Hoàn Kiếm ☎ +84 24 3826 6919 ⏰ 15:00～17:30 💲 69萬越幣++、巧克力自助餐60萬越幣++

　　來到河內沒入住這家傳奇旅館，也可到這裡的優雅茶室喝個下午茶。下午茶分為三層式的下午茶套餐，或者自助餐式午茶，包括吃到飽的各式巧克力、馬卡龍、甜點、鹹點及特選飲料。（先看桌上的菜色，若不喜歡可點套餐）

Nha Hang Bach Phuong
Bún Bò Nam Bộ
老街區著名小吃

☒ 67 Hang Dieu ⏰ 07:30～22:00

　　烤牛肉拌米線是拜訪河內必吃的一道小吃。主角雖為烤過的牛肉，但放了大量的生菜、烤過的花生，與味道純粹的米線拌在一起，完美詮釋越南菜的清爽特色。

Banh Mì 25
好吃的越式三明治

☒ 25 Hàng Cá ⏰ 07:00～21:00，週日07:00～19:00

　　河內最著名的越式三明治店，烤得香酥的麵包完全勝出（餡料的話，還是會安的第一名P.140）。這家店設有舒適的用餐區，包裝也略有設計感，相當受西方遊客喜愛。

▶知名三明治店

Phở Gia truyền Bát Đàn
排隊牛肉河粉店

☒ 49 Bát Đàn, Cửa Đông ⏰ 06:00～10:00、18:00～20:30 🚶 由還劍湖步行約10分鐘

　　老街區最受當地人喜愛的牛肉河粉店，店內就只賣3種河粉：半熟牛肉及牛腩 Tai Nam、半熟牛肉 Tai、及全熟牛肉 Chin(帶點筋，但一點也不老)。大桶湯頭不斷以柴火燒滾，湯頭清香、不過濃膩，難怪每天大排長龍。

▲古城區裡最受當地人喜愛的牛肉河粉店

Giang - Bun Oc Pho Co
蝸牛麵攤
早起來碗越南國民麵

☒ 36 Luong Ngoc Quyen ⏰ 07:30～15:00、17:00～23:00，週日07:30～15:00

　　河內蝸牛麵最是普遍可見，相當推薦這家小攤，即便是路邊攤，仍可看到商家一絲不苟的料理方式。而且湯頭還以各種蔬果及雞骨熬煮，爽口，早上來喝一碗最適合不過了。

　　除了蝸牛螺肉湯麵外，還可點乾麵，也就是一碗乾米粉、配上生菜及蝸牛湯。

▲乾麵也相當推薦

MANZI
藝廊咖啡館

✉ 14 Phan Huy Ích, Nguyễn Trung Trực 📞 +84 24 3716 3397 ⏰ 08:00～22:30 ➡ 由還劍湖步行約18分鐘，或搭14號公車

這家咖啡館並不在觀光區，較靠近昇龍古城區，為一處安靜優雅的獨立空間。Manzi的定位是 art shop，而不是藝廊，展覽也因此較為自由，藝術品比一般藝廊便宜許多，意在推廣越南當代藝術，並常在此舉辦講座、工作坊。

▲許多住在河內的外國人喜歡窩在這裡安靜工作

Green Tangerine Hanoi
綠橘子法式餐廳

✉ 48 Hàng Be St. 📞 +84 24 3825 1286 ⏰ 11:00～23:00
🔗 greentangerinehanoi.com

這家位於古城區的老牌法國餐廳，位於充滿法國風情的老建築中。約新台幣500元的價錢，就可吃上一頓法式午餐套餐，且餐點算相當用心，如前菜就小有驚喜，但主菜不推薦生牛肉，其他料理較棒。

若想吃高級的法國料理，可考慮 Sofitel Legend Metropole 的 Le Beaulieu 法國餐廳，食材多為法國進口或大勒上選鮮蔬。

▲1928年老建築中的法國餐廳

Bánhxèo Nemlụi 167 quán
烤肉串生菜捲
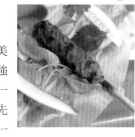

✉ 5/167 Đội Cấn, Ba Đình
⏰ 17:00～22:30

胡志明陵寢附近超美味的烤肉串生菜捲，強力推薦大家過來品嘗一下道地越南美食。可先點烤肉串(太好吃了，一人吃5串應該沒問題)，另外再點份酥脆蛋餅。將生菜先放在米紙上，接著握住烤肉串，將烤肉抽出，淋上醬汁，再夾蛋餅捲起來，入口！

Chả Cá Thăng Long
河內著名小吃炸鱧魚

✉ 19～31, Dương Thành, Hoàn Kiếm ⏰ 10:00～21:30

將去刺的鱧魚切成塊，放在油鍋煎煮，再加入大量的蔥蒜。吃的時候將酥嫩的魚肉放在米線，拌上隨附的醬汁與油煎過的蔥、香菜，美味！這家餐廳就只有一道菜，點菜完全無需傷腦筋，推薦點一個人16萬含飲料的套餐，河內的啤酒清爽好喝，很適合搭這道菜。

Tranquil Books & Coffee
熱鬧市場旁的氣質咖啡館

✉ 5 Nguyễn Quang Bích, Cửa Đông ⏰ 08:00～22:00

走過市場外的路邊小攤販，轉進安靜的小街，有著一家充滿書香與咖啡香的優質咖啡館。Tranquil Books & Coffee店面雖不大，卻很溫馨，咖啡品質高，無論是特選的單品咖啡及傳統越南咖啡都很值得一嘗。

世界遺產

搭頂級遊船看海上石林
下龍灣

越南最美的山水畫，海上千島奇峰散布，靈秀宛如仙境。

1,969 座石灰岩島嶼，矗立在1,500平方公尺的這片海域中，這令人讚歎的世界奇觀，已列入聯合國世界自然遺產。據傳這些奇峰巨岩是古時外敵入侵時，天降飛龍禦敵，噴出的寶珠落在海上成了這些奇岩。

這片海域最主要的景點包括令人驚豔的鐘乳石洞，以及兩座較大的島嶼**Tuan Chau**及**Cat Ba**，島上有長住居民，美麗的海灘也吸引不少遊客前來度假。此外還有些流動的水上村莊、學校，這些也都在套裝行程中(記得別買海鮮，價錢驚人)。

玩家帶路

私房推薦：下龍灣自由行路線

海防市→Cat Ba島→下龍灣

河內龍濱火車站到海防市火車 (每天 4 班：06:00、09:20、15:20、18:27)，車程約 2.5小時。

再從海防碼頭Ben Bien搭船到Cat Ba Island，在此住一晚，參觀國家公園，隔天早上搭船回下龍灣(早上一班08:30)。

由下龍市搭摩托車或計程車到長途巴士站搭車回河內(或者從下龍市搭2小時的車到海防市，再轉搭火車，火車時間為15:00～17:45)。

▲Cat Ba卡巴島

行程建議

海防市距離河內約150公里，來回就要花上5小時以上，較推薦2天1夜的遊船。

此外，還可結合寧平陸龍灣Perfume Pagoda行程。陸龍灣的景色也是一絕！

Day 1

08:30 由河內出發，約11:00～11:30抵達下龍灣港口上船。
12:00 上船入住房間、中餐
15:30 遊鐘乳石洞(內分為三區的Sung Sot神奇洞或天宮洞Thien Canh Son Cave)
16:00 沙灘及獨木舟
18:30 晚餐
21:00 夜釣

Day 2

06:00 日出、太極拳、早餐
08:00 水上村莊、學校(Cua Van Floating Village)
10:00 烹飪課程
11:30 午餐
12:30～17:30 返回河內

備註：
※可自行上各大訂房網站預訂過夜遊船，遊船均含河內往返下龍灣的接送服務
※下龍灣新設了纜車，不搭船也可飽覽海上石林景觀

走入少數民族村落，一窺山中歲月
沙巴

遺世的山中精靈。搭復古火車上山，沿寧靜梯田，走一段沁人心脾的健行之路……

過去要抵達高山上的沙巴不易，因此這裡的少數民族才不管世界如何轉變，自顧自地穿著自己的傳統服飾、運用取自大地的材料過著遺世的生活。後來法國殖民時期，沙巴成了當時熱門的避暑勝地。現在遊客可以乘著復古火車上山，跟著少數民族走進山裡的村莊，一窺當地人的生活與令人屏息的自然景觀。

行程建議

怎麼安排行程？

可選擇單購買火車票，到當地再參加當地行程；或直接購買含當地行程的套裝行程(約75～99美金)。

沙巴行程需要幾天？

至少需要2夜1天(很拼)，3夜2天會比較適合。

2夜1天

從河內搭夜班火車上山，當天早上參加1日健行行程。下午回沙巴市稍作休息，晚上到老街市搭火車回河內。

3夜2天

從河內搭夜班火車上山，當天早上參加1～2日健行行程。

想參加1日行程者，可以抵達隔天再走，抵達當日可先在沙巴休息，隨意逛逛，晚上住沙巴市區。

想參加2日行程者，抵達當天開始走，當晚住在山區少數民族的民宿(較有趣)，隔天回沙巴稍作休息，晚上到老街市搭火車回河內。

沙巴健行行程

一般熱門的行程是健行行程(Trekking Tour)，可選擇以市集為主、以少數民族村為主、沙巴山谷景致(梯田)、Hoang Lien國家公園行程(最美的路線)；喜歡爬山者，可以選擇登山行程(Fansipan Climbing)。一日徒步健行行程：15美金起。

另外還有單車、摩托車、吉普車、山中民宿體驗行程。

小費怎麼給？

健行時除了導遊之外，會有少數民族跟著團體走，他們還自己分班，早上一族、下午則是另一個少數民族。

有些路段是滑溜的泥土路，所以他們都會在旁協助，因此行程結束時，遊客多會向他們購買手工藝品，以表感謝之意。但價錢通常都非常高，若有需要還是可以跟他們談價錢，若不需要的話，也可以直接給小費。

▲01九月稻黃時很適合上山健行／02,03,04沙巴就像是個開放的少數民族博物館

觀光火車怎麼選？

一般遊客由河內到沙巴是搭乘復古火車到老街市，然後再由老街市搭巴士上山到沙巴(約1小時車程，可搭當地巴士或小巴)。火車大部分都是19:00～22:00出發，05:00～07:00抵達老街市。

火車有分好幾種；Victoria Express是最頂級的，其他車種其實差異不大(如Kings Express、Pumpkin、Green Train)，主要差異在於車廂等級。Deluxe是4人車廂，Standard是6～8人車廂。臥鋪分硬墊跟軟墊，差別在於墊子的厚薄度不同。

來回火車票約US$22～27。若是購買套裝行程的話，3天2夜健行(含食宿、導遊)，約US$72～99(訂6人臥鋪約US$72，4人臥舖約US$79)。

玩家帶路

VIP車廂須先預訂

Tulico、Fanxipan、Orient Express這3種頂級車只有3個VIP車廂，通常很快就客滿，建議事先預訂(60～90天前即開放預訂)。若不特別要求車種，一般1～2天前仍買得到票。

▲越南國鐵SP1車種臥鋪，單程約越幣425,000(20美金)
▶車廂內的洗臉台
▼Pumpkin車種，單程約40美金

如何自己便宜購票？

火車

一般遊客會直接在當地旅行社或請旅館櫃檯代訂，以Pumpkin火車來講，單程約35美金。但若不特別要求車種或車廂設備，想便宜搭夜班火車上沙巴，也可以自己到河內火車站的購票處購買，一張票只要越幣425,000(軟臥)。

巴士

最便宜的方式，從河內可搭夜臥鋪巴士到老街市，再轉搭公車或小巴到沙巴。

🕒 車程：11小時
💲 20美金

早班火車抵達河內如何到老城區？

許多火車5點左右就抵達河內火車站，這裡到老城區步行約30分鐘，最方便的是直接搭停在車站裡面的計程車；若走出車站，計程車較雜，很有可能搭到黑車。站內計程車雖然大部分也是喊價計費，一人約越幣5萬，或一車越幣15萬，還算可以接受的價錢。當然，使用Grab叫車最安全。

如何從老街市到沙巴？

● 站前有許多小巴士(越幣5萬)及計程車(約越幣6萬)，或者也可以請沙巴的旅館安排接送車。

● 若想搭公車，走出車站後，往左走到底，就會看到公車站。

🕒 車程：40公里，約1小時
💲 3萬越幣

▶走出車站往左走就會看到這樣的標示

玩家帶路

唐林古村(Đường Lâm)

獲文化遺產保存大獎之地

唐林古村距離河內約50公里，村落仍保留完整的老建築，獲得聯合國世界文化遺產亞太地區文化遺產保存的大獎。

唐林古村曾是2位越南皇帝的出生地，從村內的老宅可感受到一種無可言喻的文人氣息。除了拜訪聚落中的5座老宅邸外，很推薦大家盡量往小巷弄裡鑽，隨意漫走，都可發現最佳的網美照地點。

賞阮氏皇朝建築群
順化

越南老京城，一派悠閒的古都。

順化曾為越南的古都，城內香江流貫其中，將城區分為南、北兩區：北岸即為世界文化遺產的老皇城遺跡區，南岸則為充滿法國風情的新城區。

悠悠的古皇宮，浮載著越南世代的接替。坐上老三輪車，慢慢循著時間之輪，踏過京城的大街小巷，坐在老茶館，品著老茶、聽著園中蟬聲鳥鳴，遙想著古王朝的興衰成敗⋯⋯

地圖下載
http goo.gl/Mfnaop

▲峴港與順化之間的海雲關是個美麗的觀景點

▲記得要將順化日本橋納入行程中，這座橋比會安日本橋還悠古，而且整個村莊的感覺真有如世外桃花源

行程建議

方案 1

至少安排一天半，第一天搭遊船並參觀天姥寺，下午回市區參觀皇城，晚上夜遊香江，在船上享用晚餐，隔天早上則參觀郊區皇陵。

方案 2

住在峴港海邊，找一天搭火車或包車到順化(12小時一台車224萬)，進行一日行程：古皇城、天姥寺、啟定皇陵、嗣德皇陵。

交通

● 順化機場每天均有銜接胡志明市及河內的班機。機場距離市區約14公里，可搭小巴到市區。

● 也可搭火車及長途巴士到越南各城市，順化到會安約2.5小時車程。

● 市區可搭人力車或計程車。

● 郊區景點可以參加摩托車之旅或者包車(約20～30美金)、租摩托車(5美金起)。

阮朝皇城Dai Noi (The Citadel)

世界遺產

越南紫禁城

🕐 08:00～17:00　💲 15萬越幣，啟定、嗣德皇陵聯票28萬越幣　➡ 由新市區搭車約5分鐘，步行約25分鐘

　　阮氏王朝的皇城為越南最大的古建築群，建於1804～1833年間，城牆長達10公里，一直到1945年都還是越南最後王朝的政治重心。

　　建築群中包括優雅的午門，建於1883年；而面向午門、位於皇城中心軸的太和殿，則是舉行重大慶典的地方；祭祀九代皇帝的世廟，內有費時3年打造的9座巨鼎。此外還有百官辦公的七部區：國子監、機密院、都察院、史館、內閣、習賢院、娛樂區，以及皇家圖書館與皇太后的延壽宮。

　　皇城外的順化宮殿美術館可看到一些皇族服飾及生活用品。

▲除主建築外，有些部分整理得滿「新」的

嗣德皇陵 (Lang Tu Duc)

柔美的中越庭園

🕐 08:00～17:00　💲 古皇城、嗣德皇陵聯票28萬越幣　➡ 距離市區約6公里，搭車約20分鐘

　　位於陽春山的嗣德皇陵，為阮王朝最古老的Tu Duc皇帝安息地。內部有荷花池、小橋流水造景，為古色古香的庭園式建築。由於皇帝生前便住在這裡的宮殿，因此又稱為「謙宮」，內部的「和謙殿」為皇帝處理公事的地方，「良謙堂」為皇帝寢宮，而「鳴謙堂」則為越南最古老的劇院。

天姥寺Thien Mu Pagoda (Chùa Thiên Mụ)

順化老古剎

💲 免費　➡ 距離市區約4公里，由市區搭車約15分鐘

　　據傳有位老婦人預言會有位天子到此建朝，接回被中國將領割走的龍脈；1844年的阮朝皇帝果真到此建立阮王朝，爾後便建造了天姥寺紀念這位老婦人。寺內最醒目的為高21公尺的八角型寶塔，共有7層，頂端3層原本供奉金佛，不過後來被盜走了。寶塔兩側還有兩座塔閣，各有一座大鐘，初一、十五鳴鐘時，鐘聲據說可傳達數里。

▲最適合日出或日落時來訪

啟定皇陵(Langf Khai Dinh)

精緻富麗的鑲嵌雕刻

🕐 08:00～17:00　💲 古皇城、嗣德皇陵聯票28萬越幣　➡ 距離市區約12公里，搭車約20分鐘

　　建於1920～1931年間的啟定皇陵呈日字型，127級的階梯共分為3層，每一層的欄杆上各有4條龍，是所有皇陵中最精緻的一座。其中西合璧的風格，將鑲嵌藝術發揮到極致，營構出燦爛的馬賽克鑲嵌畫。啟成殿內部金碧輝煌，而且殿內的天花板還有令人嘖嘖稱奇的黑白雲龍拼雕！

Les Jardins de la Carambo
高CP值的法越餐廳

✉ 32 Đặng Trần Côn 📞 +84 234 3548 815 🕐 07:00～
23:00 ➡ 由順化皇城步行約7分鐘

位於皇城不遠處的僻靜小巷內，有著一家相當
受好評的法越餐廳，整棟建築散發著優雅的歐
風，小小的庭園呼應著餐廳的名字。餐點包括越
南經典菜及法國料理，價格並不是太高不可攀，
且服務非常好，很推薦大家找時間過來嘗嘗。

01、02越式青芒果沙拉、越式煎餅、生春捲均相當推薦，但
並不特別推薦香蕉葉烤牛肉

東巴市場(Cho Dong Ba)
淘寶、買特色伴手禮的好去處

✉ Trần Hưng Đạo, Phú Hòa 🕐 06:00～22:00 ➡ 由順化皇
城步行約13分鐘

城內最大的市集，各種生活用品、蔬果及工藝
品，當然還包括順化最著名的越南斗笠。此外還
推薦小吃區的甜湯Che，老闆娘實在是太可愛了，
甜湯的各種餡料都是真材實料。

Trang Tien橋下現還
有Nguyen Dinh Chieu
Walking Street夜市，有
各種小吃及紀念品，走
到底左轉還可參觀刺
繡博物館(Embroidery
Museum)。

Khong Gian Xua
古色古香的越式餐廳

✉ 205 Điện Biên Phủ, Trường An 📞 +84 234 3886 788
🕐 10:00～21:00 ➡ 往啟定皇陵路上，由市區搭車約15分鐘

往啟定皇陵路上的美食餐廳，內部古色古香，
詮釋了順化古都的生活方式，菜肴又相當美味，尤
其推薦陶鍋飯、烤芥菜捲等。

玩家帶路

順化經典小吃

順化最著名的是香茅熬煮的順化米線Bun
Bo Hue(經典老店為Bún Bò Hu Bà Xuân／Lý
Thường Kiệt／05:00～19:00)，此外順化古皇
城還有許多獨特的迷你小吃，較具規模的旅
館早餐都會提供(如P.94 Midtown Hotel)，否
則可到經濟小館品嘗(Quán Hàng Me - Số 1
／45 Võ Thị Sáu)。

Cơm Hến蜆肉飯也是順化特色
菜，Cơmhến Hoa Đông (64 kiệt 7 Ưng Bình,
Vỹ Dạ, Thànhphố Huế,)的蜆肉飯最有名，這
個街區還有多家蜆肉飯館。

而河濱夜市的刺繡博物館對面巷內，則有
一家鮮美的螃蟹木薯湯麵店Bánh Canh Cua
Rời Hương（30 Phạm Hồng Thái／06:00
～22:00），也相當推薦。

◀Banh Nam及 Banh
uot和Banh Beo浮萍
糕(木薯米糕)

▶Bánh Canh Cua Rời Hương
的蟹肉湯麵也相當鮮美

落入時光之輪的迷人古鎮
會安

踏入枕河小鎮，彷彿時光倒流，跟著居民恬靜悠閒地過日子⋯

會安臨秋盆河而建，曾是一千多年來東南亞的重要貿易港口，因此城內聚集了中國人、日本人、印度人，16、17世紀更是吸引大批的荷蘭、葡萄牙、英國、法國等西方人進駐，儼然就是當時的國際貿易大港。後來因為秋盆河淤積，才北移到現今的峴港。

城內除了有大量的工藝品、古雅的中式大宅院外，還不乏浪漫的法式庭園建築，為這古色古香的城鎮，增添一股迷人的異國風情。而這獨特的會安風情，總讓旅人一踏進來，便想醉臥秋盆河畔，細數這悠悠歲月積累而來的美。

http 官方旅遊網站：www.hoianworldheritage.org.vn/en

地圖下載
http goo.gl/Mfnaop

古城參觀聯票

玩家帶路

聯合國致力於修復會安古建築，古城推出一種參觀聯票，將費用當作修復基金。因此，進入古城需購買參觀聯票，憑票可參觀古城內21個景點中的5個，再加上1個傳統表演。

$ 外國遊客12萬越幣，本地遊客8萬越幣
C 售票處時間：06:30～18:00

＊並不是每個路口都需先購票才能進古城，例如由 Le Loi 進就不需先購票

行程建議

至少2天行程(3天則較為悠閒)。

Day 1

參觀古城、訂製衣服。

Day 2

參觀美山遺跡區及市區景點，傍晚到海灘區享用海鮮大餐。

Day 3

隔天參加日出之旅或潛水、或參觀市場及烹飪美食之旅，再去拿訂製衣服。

當地行程

美山遺跡約15萬越幣，Cham Island潛水約29美金。

交通

● **飛機**：最近的機場是30多公里外的峴港國際機場，由峴港機場可搭計程車到會安約40萬越幣，旅館安排私家車約10美金起，或搭小巴，每人11萬越幣，約30～40分鐘。

● **當地交通**：會安古城不大，基本上均可步行或搭配人力車。會安也是最適合騎腳踏車的城市(旅館多提供免費腳踏車)，或可租摩托車(一天6美金)。

🔔 來遠橋
🔔 會安的美麗地標

✉ Can Nhat Ban ➡ 古城Tran Phu街尾,連接對面的Nguyen Thi Minh Khai街

▲會安著名的日本橋

來遠橋,一般也稱為「日本橋」(Japanese Covered Bridge)。當初建造這座橋主要源自地牛的傳說,據傳這牛的頭在印度,肚子在越南,尾巴則在日本,地牛翻動時,就會引起地震海嘯,而這牛的死穴就在肚子上,所以特別蓋這座橋來鎮壓地牛,因此橋中央還有座「鎮武關」廟。橋的兩端分別有石猴及石狗鎮守,以這兩種生肖代表橋開始建造與完成的年分。

不過傳說歸傳說,這座建於1953年的橋,主要是連接日本人與中國人居住的陳富路(Duong Tran Phu),及阮式明開路(Nguyen Thi Minh Khai)。

無論如何,這座橋都是會安古城內最美麗的風景,歲月沖刷而成的雋永色彩及磁磚拼貼的燦爛雕飾,都是讓旅人將會安永存心中的重要元素。

🔔 近郊行程
🔔 古城、水上人家、鄉間風光

🕐 04:45 💲 65萬越幣 ❓ 均可請旅館服務人員協助預訂行程

搭船沿秋盆河航向古岱沙灘區看日出海景、晨曦中漁夫撒網捕魚的身影,接著再參觀魚市場、喝杯越南咖啡。有些旅行社的行程會讓遊客體驗越南特有的竹編簸箕船(THUNG CHAI),也可騎單車沿鄉間小徑回會安古城。

若想來點刺激的體驗,推薦簸箕船行程(Coconut Basket Boats Tour,20萬越幣),搭著竹編船穿梭於海椰林間,體驗越南漁夫把乘客搞得哇哇叫的好功夫。尤其推薦迦南島的簸箕船行程,午餐可在此享用超豐盛的海鮮大餐。喜歡單車之旅者,也可早上參加迦南島單車之旅(Cam Kim Bike Tour)。

🔔 中央市場
🔔 熱鬧活潑的小鎮市集

✉ Tran Phu和Tran Quy Cap路口 🕐 06:00~14:00 ➡ 歷史文化博物館正對面

這裡可說是會安人的命脈,也是古城內最有活力的地方,將秋盆河畔的沉靜,撩撥起迷人的熱鬧氛圍。

當然,看著一攤攤令人食指大動的小攤、新鮮蔬果,才是這中央市場的重點啦!此外還有各種當地工藝品,也是平價挖寶的好地方。對面是會安的歷史文化博物館,遊客可粗淺了解會安的歷史文化。

▲絲巾

▲古樸的市場建築

傳統藝術表演廳(Traditional Art Performance House)

古宅客棧聽越戲

✉ Nguyen Thai Hoc St. ⏰ 17:00～18:00

老街上的表演廳每天10:15及15:15、16:15固定3場傳統音樂表演,非表演期間則可到此學做燈籠。

對面的 Lifestart 公平交易店還提供茶藝與越語交流。

河岸另一側也新闢了越版太陽劇團的表演中心 Lune Performing Center (www.luneproduction.com)。

會安滿月燈籠節 (Full Moon Lantern Festival)

千家燈籠、全鎮嬉遊

每個月滿月的那個週末,古城家家戶戶都會點上盞盞燈籠,居民遊客一起快樂地在老街上玩起童玩、看戲、話家常,讓21世紀的現代人,彷彿走入17世紀的美好年代!

需特別注意的是,燈籠節當晚古城區不可停放單車及任何車輛,否則會被拖吊。若被拖吊,需到老街的古城管理處領取。

會安古宅

時光沉積的美麗老宅

➡ 由市場往來遠橋方向走,在古城主街上

會安古城內有好幾棟保存良好的古宅,馮興古宅及進記都很值得參觀。

馮興古宅(Phung Hung House,Nguyen Thi Minh Khai 4)

這棟呈國字型的兩層樓古宅,整體宅子環繞著中井庭園而建,讓自然光線照進屋內,在白牆上形成一幅幅美麗的即興畫。建築上層為通風的中國窗,屋頂則為日式風格,其餘部分主採越南當地特色。2樓陽台屋簷上的木雕雙魚,對中國人來講代表年年有餘,對越南人則是幸運,對日本人是權力之意。

馮興古宅的主人是1780年從順化搬到會安的商人,主要經營肉桂、硬木、絲綢、玻璃。由於這裡常發生水災,因此2樓地板還特別設計為活動門,水災時船可以直接駛進1樓。

進記Tan Ky House(Nguyen Thai Hoc 101)

黎姓家族為搬遷到越南的中國政治家族,後來以經營絲綢、茶葉、米致富後,於18世紀末建造這座家族宅邸,共花了8年時間完成。內部以暗色黑硬木為主要建材,天頂以3根大橫梁呈蟹甲形撐頂,迴廊則採較罕見的拱型頂,而細部雕刻則在在展現豪宅的精緻。後方的小天井則可直通河流,方便水災時將貨物運到2樓。

古岱海灘(Cua Dai)
悠閒度假、啖海鮮

➡ 由古城區搭車約20分鐘

距離會安古城區約7公里的沙灘區，為歐美人士最愛的度假區，現也有許多濱海度假旅館，沿海有許多悠閒的咖啡館，還可在此大啖海鮮！附近還有個私人海灘區An Bang，現在越來越熱門，也設有陽傘及沙灘椅。

▲當地觀光局現熱推的安邦沙灘 An Bang Beach

玩家帶路

半日的美食文化體驗

越南美食如此美味，再加上古城內有許多小型烹飪課程，相當推薦大家安排個早上或下午，在老宅中學做越南菜，想直接品嘗美食者，也可參加騎偉士牌品嘗會安小吃的行程。

推薦課程

● An Bang Beach Village Bicycle Tour and Cooking Class：沙灘區評價高的越南餐廳，這裡的烹飪課程結合了單車導覽、烹飪，之後還可到沙灘玩水。
http anbangbeachvillage.com
$ 每人525,000越幣

● Morning Glory：會安名廚開設的烹飪課程。
http msvy-tastevietnam.com/cooking-classes
$ 每人約55萬越幣

美山占婆遺跡 (My Son Valley)
占婆王國精湛的雕刻建築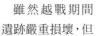

世界遺產

$ 美山遺跡Sinh Tourist 巴士團越幣99,000元起，不含門票(越幣15萬)➡約1小時車程，可參觀當地旅行團搭巴士過去

美山遺跡距離會安古城約40公里，群山環繞，為西元200～1700年間統領越南中部的占婆王國所在地，為獻給濕婆神的神廟區，現已列為世界遺產。

雖然越戰期間遺跡嚴重損壞，但這個直徑約2公里的谷地，是越南占婆古文化保留最完整的一區，分為好幾個遺跡群，保存較好的遺跡區是10～11世紀所建的A、B、C群，主要建築在A區。從這裡的遺跡可看到占婆精湛的建築雕刻藝術，以及占婆人特殊的高溫樹脂磚砌技術。遺跡內每天也有傳統舞蹈表演。

會安古城夜市
小鎮的迷你夜市

✉ 來遠橋對岸An Hoi半島區 🕐 18:00～21:30

入夜後在古城對岸的An Hoi區開始熱鬧的夜市，有些當地小吃、特色商品。規模雖然不是很大，閒來可以走走逛逛。

廟門遺跡 (The Ba Mu Temple Gate)
多彩繽紛的拍照景點

✉ Hai Ba Trung St. ⏰ 全天免費開放

近年才又重新開放的古廟門Tam Quan Gate (「三進門」之意)，原為1626年所建的Ba Mu古寺廟門，廟裡供奉著36尊守護神及12位助產士，當地媽媽總會帶著孩童過來拜拜，保佑孩子健康成長。

古廟門裝飾得多彩繽紛，廟前大廣場上還有座水池，這樣的美景，旋即成為遊客拜訪會安必到的網紅照熱點。

Metiseko 服飾店
法越融合的時尚品牌

✉ 142 Trần Phú ⏰ 09:00～21:30 http metiseko.com ⁉ 會安、河內、胡志明市均設有分店

法國設計師在越南創立的品牌，將越南傳統文化及自然地景元素，放入時裝設計中，不但設計款式透顯歐洲的優雅，選料也相當用心。除了服飾外，還有些生活雜貨及寢具用品。

高貴不貴的量身訂做

玩家帶路

到會安這訂製衣服的大本營，當然要為自己訂製一套西裝或禮服，否則可真是入寶山空手而回啊！城內大大小小上百間訂製服，舉凡禮服、西裝、風衣或任何服飾、皮包、鞋子，都可自己選材料、樣式，全都可幫你做出來。(詳細資訊請參見購物篇P.178)

▲訂製禮服、風衣、西裝最划算

▲訂製皮包、皮鞋

Bánh mì Phố Cổ
超好吃三明治店

✉ 02 Lê Lợi 前，Trần Hưng Đạo、Lê Lợi、Nguyễn Công Trứ路的交接口 ⏰ 06:00～10:00、14:30～23:00 ➡ 古城主街外

深受當地人喜愛的三明治店，一咬下去馬上是清脆的麵包香，接著是麵包與內餡融合的好滋味，想著口水都流下來了！

Bánh mì Phượng
號稱No.1的越式三明治！

✉ 2B Phan Châu Trinh, Minh ⏰ 06:30～21:30

這家號稱越南最好吃的三明治，就連波登都讚不絕口，形容這裡的三明治彷如交響樂。相信吃過的人，也都會舉起大拇指認同！

Bánh mì Phượng 的麵包雖然也相當鮮脆，但並不是最亮眼的部分，最厲害的是獨門醬汁及香菜的搭配，是別的地方很難吃到的。再夾上炭烤肉及煎得剛好的蛋，只會讓吃過的人念念不忘，而且價格還相當平實。

Reaching Out Teahouse
聲啞服務人員的優雅茶室

✉ 131 Trần Phú ⏰ 08:30～21:00，週六～日10:00～20:00 http reachingoutvietnam.com

當地慈善團體所創立的茶室。由於店內的服務人員都是聲啞人士，因此桌上放著點菜用的單子及木牌，有需要服務時，只要舉起木牌即可，例如結帳時就拿 Bill 的牌子。

茶飲也相當用心，不但有各種傳統茶品及小茶點，所有茶具也極為精緻。喜歡的話，可到 Morning Glory 餐廳對面的 Reaching Out 工藝品店選購。產品同樣是當地弱勢團體所做的，樣式精雅、獨特。

Morning Glory Original
嘗嘗名廚美味

✉ 106 Nguyen Thai Hoc St. ☎ +84 235 2241 555 ⏰ 10:00～23:00 ➡ 古城主街上，靠近來遠橋

這家古城最熱門的餐廳，是由越南知名主廚 Ms. Vy 所開設的。料理特色在於將經典小吃精緻化，同時又不失小吃風味，而且這裡有著我們認為最好吃的會安名菜 White Rose(比知名的 White Rose 餐廳好吃多了)，炸春捲也做得相當有水準。

▲ 排隊候位雖給震動式號碼牌，但並不會震動，記得在附近等候

▲ 對面由古宅改建的盛錦咖啡館

餐廳內部還設有開放廚房，一面用餐，還可看到傳統料理方式。非常熱門，建議預約。不過這裡的甜點較弱，可以到對面同一位廚師開設的Cargo Club吃甜點，各種西式甜點都做得很有水準，傍晚也可到2樓平台看河景。

Quán Cao Lầu Thanh
會安特產高樓麵

✉ 26 Thái Phiên ⏰ 07:00～19:00

會安著名的高樓麵，麵條厚實飽滿。雖然不是沒吃會覺得可惜的當地菜，有機會經過倒是可以停下來吃一碗。

天泰號茶館 (Cocobana Tearooms)
泡腳喝茶話家常

✉ 16 Nguyễn Thái Học ⏰ 09:00～18:00 休 週一

泡茶館，竟然還能坐在樹蔭下泡腳！這家茶館服務實在周到。而且茶館坐落於古宅中，入內飲茶泡腳，還可欣賞這美麗的古宅邸，順便買越南茶及咖啡。

▲古色古香的茶館

▲後面的庭園座位區還可泡腳、悠閒飲茶，也太享受！

Faifo Coffee
鳥瞰古城風光的屋頂咖啡館

✉ 130 Trần Phú ⏰ 08:00～21:30

古城老街上一家外表看來不起眼的咖啡館，但往咖啡深處走，卻是可爬上屋頂平台，悠哉品咖啡、一覽古城風光的熱門咖啡座。

▲俯瞰古城風光

Quan An Phố Cổ
平價小館

✉ 101 Phan Châu Trin

這裡可吃到會安的經典美食，如中越的特色料理會安雞飯。越南雞飯跟海南雞飯所淋的醬汁不一樣，且還會放上香菜及花生，讓人一吃就愛上。雖然看起來只是當地的小館子，但提供英文菜單，服務親切。

▲Juicy的香茅烤肉串，可與香菜夾在米紙捲著吃

另外還推薦 White Rose 白玫瑰、 Cao lau 乾麵以及香茅烤肉串及螺肉脆餅。

The Espresso Station
巷弄裡的專業咖啡館

✉ 28/2 Trần Hưng Đạo ⏰ 07:30～17:30

這家小巷弄內的咖啡館，可說是會安古城最專業的咖啡館。以溫馨、輕鬆的布置，賣著自家烘培的咖啡。除了單品及越式咖啡外，椰奶咖啡也是這裡的強項。

Son Hoian
河畔的慢食餐廳

✉ 232 Cua Dai, Cam Chau ☎ +84 94 950 14 00 ⏰ 09:00～22:00

原本位於河畔的水上木屋餐廳，現在移到原址的對面，雖然不再可欣賞日落河景，但整體環境仍充滿越南在地特色，而且菜肴依然美味。此外這家小餐廳竟然也是慢食組織的一員，廚師特別重視餐點所用的食材，希望能為客人呈現出最美味的越南傳統料理。

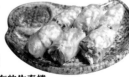

▶料好實在的生春捲

蔚藍的東方夏威夷
峴港

美麗的白沙灘、海岸線，與海島度假的暢活步調；還能遊賞古老占族的文化遺跡……

以往峴港多為旅客到會安的轉運站，不過近年來積極發展濱海度假，也成了中部的主要度假區。城內最著名的為占人雕刻博物館，為全球最大的占婆文化博物館。郊區的五行山則曾為占婆人舉行宗教儀式的地點，而近年新興的紐倫泰溫泉樂園，也是峴港的主要景點之一。

行程建議

建議住兩晚，一晚可住市區，或海濱連續住兩晚，或一晚住巴拿山上，另一晚住海濱。

Day 1

前往五行山（大理石山），接著搭纜車上巴拿山。傍晚下山後，前往 Con Market 市場外圍吃小吃，續逛河濱夜市與亞洲公園（摩天輪）。

Day 2

參加Cham Island潛水或浮潛或紐倫泰溫泉樂園，下午參觀占婆博物館，傍晚到海灘躺著，再過馬路到對面的海產店吃海鮮大餐。

順化一日遊交通：

若不打算住順化者，可包車、搭火車、巴士或參加順化一日遊(最划算)。

Pham Van Dong及 My Khe沙灘區

悠閒輕鬆的沙灘水上樂趣

✉ Vo Nguyen Giap St.及Duong Dinh Nghe St.交接口這一帶 ➡ 由火車站過來約10分鐘車程，機場過來約20分鐘

Pham Van Dong及My Khe公共沙灘是當地人及當地遊客最喜愛的沙灘，白色沙灘、高聳椰林綠地，讓人自然地放鬆了下來。這區也提供各種水上活動，如：風箏衝浪50萬越幣、水上摩托車50萬越幣(15分鐘)、香蕉船95萬越幣(3～5人)。

尤其推薦住My Khe區的濱海旅館，價位不算太高，又有絕佳的日出景觀（P.89）。往會安路上的Non Nuoc朗挪沙灘則聚集了許多頂級度假旅館，如：富麗華Furama、Hyatt。

▲有各種水上活動

▲越南人不喜歡曬太陽，所以清晨五點半及傍晚五點半是海灘的熱門時段

玩樂篇

峴港

占婆博物館(DaNang Museum of Cham Sculpture)
古老瑰麗的占族文明

✉ Thang 9 St. 🕐 09:00～17:00，週六～日11:00～15:00 💲 4萬越幣/語音導覽2萬越幣 http www.chammuseum.danang.vn
➡ 距離峴港火車站約6公里，距離會安約30公里

　　會安、峴港為古占婆王國的所在地，寧平、平順等區域發現的珍貴占婆文物都收藏在這座博物館內。

美山館(My Son)：
神壇，透過裝飾圖案的原創美學來表現「創造之神Brahmins」。

查喬館(Tra Kieu)及查本(Tra Ban)：
又稱獅城的查喬，是西元4世紀占婆最古老的首都，由這裡的收藏可見當時的建築相當雄偉，其中還可以看到跳舞仙女Apsara這類以「象徵藝術」展現活力的雕刻。

東陽館(Dong Duong)：
曾為占族的佛教首都，此館的主要收藏為一座刻繪Sakyamuni神生平事蹟的大祭壇。

平定館(Thap Mam)：
屬於11世紀的Vijaya塔群，收藏了許多獅、象、海怪、龍等動物雕像。

玩家帶路
占婆人的濕婆神

　　Shiva雖然譯為濕婆，但卻是男神，而且還是跳舞的神。濕婆共有4支手臂，上面右手持鼓、左手持火焰，下面右手微舉示祝福之意，左手垂下表救贖之意。右腳踏著怪物，左腳揚起跳舞。

巴拿山法國村 (Sun World Ba Na Hills)
體驗法國風情

💲 70萬越幣 http banahills.sunworld.vn

　　巴拿山原為法國殖民時期的避暑勝地，山上的泉水及岩窖也很適合釀酒。近年在高山上建造了法國各區特色建築，設有酒窖、旅館、室內展覽館、遊樂場、歐風庭園等，宛如一座越版的迪士尼樂園。

　　一開始會覺得票價貴，但一張票可搭乘不同的纜車，中途還會停靠近年的打卡熱點－佛手天空步道，且纜車為目前全球最長且落差最大的一座，全程約半小時，爬升1千多公尺。這個山區的風景很漂亮，天氣好的話，值得搭纜車遊賞，不過由峴港市區到此也需要40分鐘車程，單程車費約35萬。

▲山上的佛手天空步道，天候不佳時能見度相當低，購票處前設有山上的實況轉播

▲法國村走一圈就可看到法國各區的特色建築

峴港美術館 (Danang Fine Arts Museum)
悠閒賞越南現代藝術

✉ 78 Lê Duẩn 🕐 08:00～17:00 💲 2萬越幣

　　雖然美術館的規模並不大，但收藏了不少越南藝術家的傑出畫作及雕刻作品，是個適合中越遊客欣賞越南現代藝術的好地方。

五行山 (Ngu Hanh Son)
濃厚神仙色彩的奇山

🕐 07:00～17:30 💲 門票15,000越幣，電梯單趟15,000越幣，來回電梯+門票共45,000越幣 ➡ 由市區到此約15分鐘車程(7公里)

五行山為金、木、水、火、土五座山，因當地生產大理石，一般又稱為「大理石山」。其中最高為水山，也是遊覽重地。山上有多座寺廟及洞穴，一路往上爬過靈應寺後，會遇到「下地獄」或「上天堂」的岔道。不過要上天堂，並不好走，需辛苦爬山鑽洞，才得以抵達供奉觀世音菩薩的玄空洞。沿原路出洞可到供奉釋迦牟尼佛的三台寺。再往上爬是望江台，上面有座阮朝皇帝坐過的石椅，在此可望其他四座山，還可望江(韓江)、望海(中國海)。也可參加攀岩行程。

峴港大教堂 (Danang Cathedral)
設有風信雞的雞教堂

✉ 156 Trần Phú

位於Han Market市場不遠處的耶穌聖心主教座堂，為法國神父路易・瓦萊設計，1924年完工，建築為哥德式風格，上設有風信雞，因此俗稱「雞教堂」。其亮麗的色彩與歐風建築，一點也不輸胡志明市的粉紅教堂。

Long Cafe 老咖啡館
峴港最古老的越南咖啡館

✉ 123 Lê Lợi 🕐 06:00～19:00

想跟越南人一樣坐在矮板凳上體驗越式咖啡館的悠閒？峴港市區最古老的越南咖啡館Long Cafe，創立於1980年，每天高朋滿座，大家就是來喝老闆家傳的特調越南咖啡。

Con Market
有趣又好買的傳統市場

✉ Chợ Cồn, Ông Ích Khiêm

白天熱鬧滾滾，19:00裡面的攤販關了之後，外圍開始擺起二手攤，還有一整排的當地小吃，對於敢吃路邊攤者，這還真是美食天堂啊！

對面有Big C大型超市，隔壁則是較高級的Parkson百貨，都設有美食街。另外，靠近河邊還有另一個大型市場Han Market，不過這個市場較沒特色，沒時間可略過。另還可到金龍橋看噴火秀及逛橋邊的Chợ đêm sơn trà夜市。

▶ 傍晚市場外的通道擺滿了搶搶滾的小吃攤

紐倫泰溫泉樂園與亞洲公園
越南首個日式溫泉浴

距離峴港機場約50分鐘車程的紐倫泰溫泉樂園，設有各種類型的溫泉池及水上設施，適合全家共遊，尤其適合無法出海的季節。

位於河濱的亞洲公園就像座亞洲建築大觀園，內設有多種遊樂設施，包括115公尺高的觀景摩天輪、刺激的雲霄飛車等。

玩樂篇

芽莊

歡樂跳島海上遊
芽莊

擁有廣大的濱海樂園度假村、豐富的海島水上活動,非常適合親子旅遊!

芽莊現在幾乎是俄國及中國遊客的天下,許多招牌都寫著俄文。不過也因為這是個熱門的度假城市,旅館選擇多,並可搭船出海跳島旅遊及到I Resort泥漿溫泉度假中心裹泥巴。親子旅遊者,可考慮到Vinpearl住及玩樂園裡的遊樂設施。

珍珠度假村及水上樂園 (Vinpearl Land) 📷
一天不夠玩的大型樂園

✉ Hon Tre island, Vinh Nguyen 🕐 08:00～21:00 💲 88萬,16:00之後45萬

園區內擁有廣大的水上樂園、水族館、主題樂園、東南亞最長的過山車(Alpine Coaster,總長1,760公尺),一天也玩不完,因此相當適合住在度假村內。

交通建議

● **機場接駁**:金蘭(Cam Ranh)機場距離市區30多公里,約需45分鐘,可搭巴士到市區(7萬越幣)或搭18號巴士(5萬越幣);或在機場內購買計程車券(35～38萬越幣)。由市區搭計程車到機場也不要跳錶,採固定價會比較便宜。

● **臥鋪巴士**:由美奈到芽莊可搭臥鋪巴士,午班車是13:00出發,約18:30抵達,不過較建議搭01:30出發的夜班車,隔天早上抵達,約9美金。

● **摩托車在地遊**:當地交通租摩托車旅遊最方便,一天約10～15萬越幣。或參加Vietnam Motorcycle memory之旅(+84 90 511-6221),可跟導遊討論自己喜歡的行程。

● **巴士**:7千越幣,最有用的是4及6號公車。

Tran Phu長沙灘 &跳島旅遊

浮潛、玩飛行傘,精采跳島遊

🕐 行程時間08:00～16:00 💲 約14萬越幣、潛水約40萬越幣、Tranh Island入島費3萬越幣、水族館門票9萬(可略過)

　　芽莊市區的Tran Phu大道沿路就是旅館林立的沙灘區,但過馬路可得要小心,車非常多,越南車不讓人的,要自求多福,在夾縫中求生存。

　　芽莊海域許多小島:廟島(Hon Mieu)、木島(Hon Mun)、燕島(Hon Yen)和竹島(Hon Tre)、第一島(Mot Island)、銀島(Tam Island),島上仍過著淳樸的海島漁村生活,還有現撈海鮮餐廳、海灘、水上活動等。行程通常會挑四島旅遊,為遊客最愛的行程:

木島:可在這片淺水海域浮潛及游泳,可看到美麗的珊瑚礁。

第一島:不會上島,在船上歡樂用餐。

銀島:最為放鬆好玩的小島,可躺在沙灘上放輕鬆,也可玩飛行傘

廟島:島上有船艦式水族館。

▲跳島是芽莊最熱門的行程▼椰林大道為芽莊的長沙灘區

芽莊大教堂 (Nha Trang Cathedral)

法國哥德風天主堂

✉ Nguyen Trai及Thai Nguyen街角(靠近火車站) 🕐 週一～五07:00～11:00、14:00～17:00,週日14:00～19:45 💲 免費

　　芽莊大教堂建於1928～1933年間,這棟法國哥德式風格建築,雖然沒有絢麗的外表,只以石頭原色呈現,但卻更顯其雄偉的氣勢,高聳於芽莊市中心。內部則有著美麗的鑲嵌畫。而越南人更是將傳統文化融入天主教,竟然還可在聖母像前看到香爐呢。

▲01法國哥德式風格的大教堂╱02耶穌面前放有香爐的越南特殊文化╱03內部大片馬賽克鑲嵌畫╱04內部尖拱頂呈現出哥德風格的輕盈

泥漿溫泉中心
(I Resort & Thap Ba)
泥漿浴和SPA

芽莊原本最著名的是Thap Ba泥漿溫泉中心，後來又有一家新的I Resort，設施完善，整體設計又具當地特色(請參見P.17)。

天依女神廟
(Tháp Bà Ponagar)
占婆古寺

☒ Po Nagar Cham Towers ⏰ 06:00～17:30 💲 22,000越幣，摩托車停車費5,000越幣 ➡ 位於市區北方2公里處，約10分鐘車程

這座占婆寺位於開河(Cai River)出海口的大理石山上，建於8～12世紀。寺內共有8座占婆塔，不過現在只剩下4座較為完整。當時塔樓依北、中、南、西方位而建。中間塔樓(Thap Nam)內原為銀飾祭壇，供奉著靈甘；南塔(Mieu Dong Nam)獻給濕婆神；北塔(Thap Nam)則賜給天依女神(Lady Po Nagar)，也就是濕婆神的太太，高28公尺的塔樓，是其中最大的一座。西北塔(Thap Tay Bac)是獻給濕婆的兒子象神Ganesh，為最漂亮的一座。

Long Thanh Art攝影藝廊
&丹市場
越南知名攝影師的創作展示

☒ 126 Hoang Van Thu St. 📞 (058)3824-875 ⏰ 08:00～17:30 🚫 週日 💲 免費，按門鈴參觀 🌐 www.longthanhart.com/gallery.htm

出生於芽莊的越南知名攝影師Long Thanh，長久以來遊走於越南各角落，拍出許多傑出攝影作品，最著名的作品為《雨中》(In the Rain)。目前在他的出生地芽莊開設了這家攝影藝廊，完整呈現自己歷年來的作品。藝廊內不准拍照，不過攝影師很樂意跟大家分享照片的故事。

攝影藝廊就在市中心的丹市場(Cho Dan)附近，市場內有各種生活雜貨及紀念品。往I Resort路上還有另一個較具當地特色的傳統市場Cho Vinh Hai。

Nha Trang Center購物中心
紀念品+超市+美食街

可買到一些優質的天然保養品、紀念品，內也設有超市及美食街，以及可看海的頂樓酒吧。

▲蛇酒

▲優質的天然保養品

MIX希臘餐廳
遊客好評的地中海料理

✉ 77 Hung Vuong ☎ +84 359 459 197 ⏰ 11:00～22:00
休 週三 http mix-restaurant.com

受遊客評選為最棒的餐廳，果然餐點跟服務都不讓人失望。料理以地中海菜系為主，運用了大量的新鮮食材與地中海料理方式，讓人看了食指大動。每一道菜都很豐盛、有誠意，價位又不是太高。餐廳裝潢巧妙地運用越南當地的生活古物，完全不與這西式餐廳相違。

▲希臘傳統紙包雞，烤羊排也很受好評

Hung烤鴨攤
香酥鴨、水煮鴨、鴨粥

✉ Le Thanh Ton街上，Vien Dong hotel斜對面(過Tran Hung Dao路) ⏰ 17:00以後 💲 鴨粥25,000越幣

芽莊烤鴨攤，不但鴨烤得香脆，水煮鴨也煮得恰到好處，喜歡喝粥者，更推薦這裡的鴨粥。此外，小攤還有便宜的海鮮，如生蠔一公斤50萬。

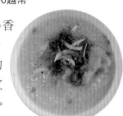

Com Tam烤肉飯
大塊的炭火豬排

✉ Ngueyn Thi Minh Khai ☎ (0903)503-705 ➡ 靠近Hung Vuong街角(海產店對面)

炭火烤的大塊豬排，再放顆煎蛋，就是美味的一餐了。這家烤肉飯小館就位於芽莊旅館區，用餐時間總有絡繹不絕的當地客人。
想吃牛肉河粉者，可以到MD Hotel旁吃Hu Tien湯麵(53 Nguyễn Thiện Thuật旁的巷口)。

▲非常好吃的炭烤燒肉飯

歲月靜好的小漁村度假
美奈

漁村寧靜的海水、美麗的日落,和無垠的白沙丘、紅沙漠。

距離美奈約10公里的潘切(Phan Thiet),雖然是這區的首府,但美奈緩慢的步調、令人驚豔的白沙灘、壯觀的白沙丘等,卻成為最擄獲人心的小漁村。沿著長沙灘而建的一座座低調度假村,隱而不彰地詮釋這個小漁村的氣質。這裡的浪很適合衝浪及玩風箏衝浪,沿岸也有這些運動的教學中心。

行程建議

日出日落之旅

除了可選家度假旅館入住,在旅館內放輕鬆之外,還可以參加吉普車日出(04:30～09:00)或日落之旅(每人6～7美金,包車約25～30美金)。

沙丘之旅

無論是白沙丘的日出、或者是紅沙丘的日落,都會是越南行的美好回憶。此外,行程還包括參觀繁忙的小漁村、有趣的紅峽谷溯溪等內容。

提醒: 早上出發時會有點涼,日出後太陽很大,記得防曬。

交通撇步

由胡志明市可搭早班巴士(14萬起,豪華巴士20萬起,Tam Hanh及Hanh Cafe幾乎每小時一班車)或火車,約中午到,或者搭午班車,18:30左右到。建議搭巴士,因為搭火車只能到潘切,還得轉車到美奈。若從胡志明市包車約70～100美金,車程約4～5小時。

當地車子較少,可考慮自己租摩托車(約12萬～15萬),或者搭摩托計程車(一趟約1～2萬越幣),現在也有Mai Linh這些車行了。

白沙丘、紅沙丘(White Sand Dunes, Red Sand Dunes)
沙漠與海

💲 一般免費，但有些入口會收1萬越幣 ➡️ 由美奈到白沙丘約45～50分鐘車程，到紅沙丘約20分鐘車程

位於美奈北方的白沙丘，是經年累月風沙的吹積下所形成的神奇景觀，要不是沿路都是濱海公路，還以為自己來到了大沙漠。沙丘不是很好走，可試著就近爬上山丘頂，眺望沙丘間的男人湖、女人湖、與芒果湖。這裡最熱門的行程是4點出發看日出，坐在沙丘上等待太陽的升起，景觀絕佳！有些遊客會騎沙地車，但不建議進行這項活動。

紅沙丘距離漁村較近，沙色偏紅，也可眺望到大海，最適合看日落。只要一下車就會有當地小孩跑過來問你要不要玩衝沙板。

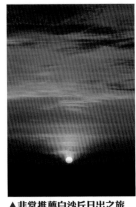
▲非常推薦白沙丘日出之旅

▲別有一番風情的紅沙丘

▲紅沙丘上也吃得到越南小吃！

漁村早市(Fish Market)
小村的漁人風光

➡️ 往白沙丘方向騎，看到這座塔右轉進去，就可來到繁忙的魚市(早市)

美奈繁忙的漁市也是相當推薦的地點，漁民們出海捕魚回來，岸上的工作人員趕緊划著美奈獨特的竹編小圓船過去接漁貨，船一靠岸，所有小販一湧而上，議價、搶貨，議定後婦女接手，拿起扁擔，將一擔擔的魚貨送上車。

▶看到這座白塔轉進來走到底就是漁市了

美奈仙女溪(紅峽谷) (Fairy Stream/Suoi Tien)

紅土峽谷溯溪去

$ 免費 **➡** 搭摩托車到此約2萬越幣

仙女溪也是美奈相當有趣的景點。溪流從沙丘與岩層間流出，沿岸有一片丹紅色的岩層，繼續涉水溯溪往前走約20分鐘，可來到一處小瀑布區。紅峽谷雖然不是很大，但想看它，可要涉溪走進峽谷，過程相當好玩。記得穿短褲、可涉水、防滑的鞋喔。

此外，美奈地區也是占婆王國的範疇，若有時間也可到9世紀祭祀神的占婆寺參觀(往潘切方向，距美奈約5公里)。

Rung Forest

叢林風海鮮餐廳

✉ 65 A D Nguyen Dinh Chieu , Ham Tien **◎** 17:00～22:00 **$** 7～20萬越幣

在滿街的海鮮店中，Rung Forest算是比較獨特的餐廳，濃密的林蔭，宛如一片小森林，晚上用餐還有傳統音樂表演。

菜色相當多，就連蛇、鱉、青蛙這些食材都可在菜單上看到。另也有些比較划算的套餐，如含生蠔等綜合海鮮的海鮮套餐(越幣35萬)。現也附設按摩中心。

Boke Mr. Crab

漁獲豐富海鮮餐廳

✉ 179 NguyễnĐìnhChiều, PhườngHàmTiến **☎** +84 394 924 345

近午Mr. Crab海鮮餐廳周區，也開設了好幾家海鮮熱炒店，可一面聽著浪濤聲、一面用餐。美奈是個漁獲量豐富的漁村，位於漁港附近的Mr. Crab，食材鮮甜，蝦、蟹、貝都很推薦，價格也相當合理。

「東方瑞士」山中避暑優美地
大勒

法國殖民時期最受歡迎的山居度假地，充滿浪漫的度假氣息。

大勒位於海拔1,500公尺的山上，氣候長年如春，為法國時期熱門的避暑勝地。山區多為松樹林，最盛期還有許多歐風別墅，散發著浪漫的歐風度假氣息，因此這裡還是越南新人的蜜月首選。

市區並不是很大，步行即可參觀各主要景點，如：春香湖、大勒教堂、老火車站，郊區山湖景致較美，可看到瀑布、少數民族村、叢林活動、咖啡園及茶園，建議參加當地行程或Easy Rider摩托車之旅，另也有泛舟行程。

交通建議

● 機場市區接駁
機場到市區約1小時車程，可搭較便宜的小巴士(越幣4萬)，搭計程車約25萬越幣。

美奈搭巴士到此約4小時車程，大勒到芽莊約4小時，大勒到胡志明市約7小時。

● 摩托車之旅(Vietnam Easy Riders)
⊠ 90 Nguyen Thi Nghia
☎ +84 937 171 399
http vietnameasyriders.vn

● 大勒溯溪(Viet Challenge Tours)
⊠ 38 Tang Bat Ho
http vietchallenge.com

● 大勒市區開始提供觀光電車

保大夏宮
(Bao Dai's Summer Palace)
越南末代皇帝的法式行宮

⊠ Trieu Viet Vuong ◎ 07:00～17:30 ⑤ 2萬越幣 ➡ 位於市中心西南方2公里處

保大夏宮為越南阮氏王朝最後一位皇帝阮福永瑞(封號保大皇)的夏宮。他曾留學法國，生活過得奢華，單是在大勒就有3間行宮，這一間隱於松林區，雖然外表只像一般的度假別墅，裡面卻是迷人的法國裝飾藝術風格。1樓為辦公室及接待室，2樓為當時的皇室家族起居室及臥室。參觀後，可到夏宮外的Up Coffee Dalat景觀咖啡，點杯越南滴滴咖啡，悠賞大勒山城。

瑪麗亞修道院
(Nhà Thờ Domaine De Marie)
美感十足的雅致靜修區

⊠ 1, Ngô Quyền, Phường 6

距離市中心約10分鐘車程的瑪麗亞修道院，建於1930～1940年，為一處雅致的靜修區。越戰期間，修道院還擔任照顧戰亂孤兒的角色，現雖因童話般的教堂建築，而成為網美熱愛的拍照地點，但往修道院迴廊走，即可遠眺山區，靜享修道院的寧靜。

市中心小散策
遊湖賞花逛市集

大勒市中心的主要景點包括春香湖(Xuan Huong Lake)、大勒花園(Dalat  Flower Garden)、大勒市場、大勒大教堂(Dalat Cathedral)。可以沿著春香湖散步或搭船遊湖,早上的春香湖最是美麗。而湖尾端的大勒花園,一年四季花卉輪番上場。湖另一端的大勒市場,則可買到各種當地盛產的蔬果(大勒為越南最重要的蔬果產地)、朝鮮薊茶、果醬,市場外可看到美麗的花販。

逛完市場後,還可前往建於1931～1942年的大教堂,這是為當時到此度假的歐洲人所建的。不過教堂並沒有固定的開放時間,只有教堂舉行活動時才開放。

接著到教堂附近的Banh can Nha Chung品嘗大勒著名的小吃蛋煎米餅Banh can (熱呼呼的米餅沾肉丸特調醬,配搭醃製青芒果),再到優雅的Dalat Palace旅館老茶室喝高貴不貴的下午茶。

另還推薦大勒最熱門的冰果室Kemb Thanh Th o,每桌必點的酪梨泥椰子冰,讓人吃了之後思思念念哪!

想吃宵夜?可跟大勒人一樣坐在街上喝杯熱豆漿或綠豆奶,這可是大勒人的國民運動,豆漿底下還藏有煉乳。也可到清晨5點開到半夜的Lien Hoa麵包店,樓下是麵包、包子,樓上則無論是粥或各式越南菜,應有盡有。

瘋狂之家 (Hang Nga Crazy House)
顛覆視覺的魔幻風建築

✉ Huỳnh Thúc Kháng, Phường 4 ☎ +84 263 3822 070 ⏰ 08:30～19:00 💲 越幣5萬

這棟奇特建築的擁有者Dang Viet Nga女士,曾在莫斯科學習建築並取得博士學位。從1990年起開始打造這棟私人宅邸,企圖打破水泥的限制,讓建築回歸自然。因此當你走進屋裡,就好像走入鐘乳石洞與叢林內,還可挑戰膽量,遊走於高空窄道間。由於建築本身實在是太瘋狂了,當地人稱之為「瘋狂之家」。

大勒火車站(Crémaillère Railway Station)
百年歐風老驛站

✉ 1 Đ Quang Trung ⏰ 06:30～17:00,蒸汽火車07:45～16:00 💲 蒸汽火車來回票越幣124,000

大勒火車站一直服役到1964年才退休,現在還是可以到這裡欣賞這座Art Deco風格的建築及一些復古火車,並可搭乘每天5班的蒸汽火車到Trai Mat站(30分鐘車程),到站後可到靈福寺(Linh Phuong)參觀。

大勒郊區景點一日遊
徜徉山林之美

若是參加當地一日遊郊區行程，一般會參觀下列景點：

●靈福寺(Linh Phoc Pagoda)

這座寺廟簡直就是一座精湛的鑲嵌藝術作品，廟寺以各種陶瓦、酒瓶碎片拼花裝飾，還包括一條以酒瓶碎片打造而成的大龍。

●公雞村(Chicken Village)

若是參加一日健行的話，會先搭船過岸欣賞天堂湖，接著爬山來到Koho少數民族的公雞村(距離市中心約17公里)。

●嘆息湖

位於市區東北約6公里處，松林環湖，相當優美。據說抗戰時期有對夫婦，丈夫要上戰場前，妻子為了不讓丈夫心有掛念，毅然決然投湖自盡。這故事讓人聽了不禁都要嘆息，因此取名為嘆息湖。

●情人谷(Thung Lũng Tình Yêu)

這片山林原為保大皇的狩獵區，是片美麗的松林區。這裡也很適合溯溪(Canyoning)。

●達坦拉瀑布(Da Tianla Falls)

當地原住民曾在此看到仙女在這美麗的瀑布下沐浴。不過現在這裡有點像遊樂區，還設有溜溜車。附近還有多座瀑布，其中以Pongour瀑布(距離市區約30公里)最為壯觀。

●修道院(Thien Vien Truc Lam Monastery)

到大勒還可搭纜車到山上的修道院(單程5萬越幣、來回7萬越幣)欣賞絕佳的景觀。

01達坦拉瀑布／02搭纜車上山可見壯闊景觀／03優美的嘆息湖／04靈福寺／05少數民族村健行路線能更深入欣賞這片美麗的山林

東方巴黎╳懷舊的西貢風情
胡志明市

越南最現代化的城市，曾受美軍影響，生活氣息比河內活潑，還保留許多歐風建築。

法國於1895年殖民中南半島後，繼而將殖民政府設在西貢，直到1956年。因此市中心仍可看到許多優雅的法式建築。1975年北越軍隊統一南北越後，將「西貢」改名為「胡志明市」。

　　全市共分為17郡，一郡(Q1)為市中心，幾乎所有景點都在這區，晚上還可登上Bitexco Financial Tower的68樓，欣賞胡志明市絕美夜景，或搭遊船夜遊西貢河。五郡則為中國城，越南大部分的華僑居住在這區。位於第一郡旁的第三郡，為西貢火車站所在位置，目前也有許多精品旅館、設計小店、及咖啡館。

地圖下載
http goo.gl/Mfnaop

⁉ 越南人最敬愛的胡伯伯

　　越南國父胡志明(Ho Chi Minh, 1890/05/19～1969/09/02)是越南共產主義革命家，曾擔任越南勞動黨主席、越南民主共和國主席和越南政府總理。

　　生於南檀縣金蓮村，父親以教書維生，胡志明也曾在潘切的育青學校擔任教職，之後轉到法國聯合運輸公司商輪任職，以海員身分遊歷法、英、美、德等國。1919年初舉行凡爾賽會議時，胡志明向各國代表提出一份備忘錄，要求法國政府承認越南民族的自由、平等與自主權，但並未被受理。後來胡志明在香港組成越南共產黨，帶領越南軍隊趕走法軍、擊退美軍。胡志明逝世於1969年9月2日，享年79歲，他的遺體被保存在水晶棺中，放置在河內的胡志明陵寢受人民瞻仰。南越的西貢從此改名為胡志明市，來紀念這位留著山羊鬍、堅毅如竹的胡伯伯。

統一宮
(Reunification Palace)
西貢地標，法國宮廷建築

✉ Nam Ky Khoi Nghia ☎ +84 28 3822 3652 ⏰ 07:30～11:00、13:00～16:00 💲 4萬越幣 ➡ 距離聖母院約7分鐘路程

北越軍的坦克車於1975年4月30日進駐胡志明市時，就是在此推翻美軍扶植的南越政府，成功統一越南，在越南史上，具有相當重大的意義。

這裡原為法國殖民政府的所在地(Norodom Palace)，當時優雅的法式建築，與現在的樣貌大不同。後來因戰爭而毀損嚴重，便延請留法建築師吳日樹重建，建築師將整棟建築就中國的「吉」字而建，並擴建了一個迷宮般的作戰指揮中心，當時命名為「獨立宮」，一直到南北越統一後才改為「統一宮」。

▲以風水來講，這個圓圈處是龍心

◀內有一百多個房間，包括內閣會議室、外賓接待室、居所、小劇院、舞廳、停機坪

戰爭遺跡博物館
(War Remnants Museum)
藉越戰史蹟珍惜和平

✉ Vo Van Tan ☎ +84 28 3930 5587 ⏰ 07:30～18:00 💲 4萬越幣 ➡ 由統一宮步行約10分鐘

這座原名「美軍戰爭罪惡館」的博物館，陳列著許多越戰的殘酷與遺憾。博物館成立於1975年越戰結束後，用以警惕世人：只要是戰爭，就沒有贏家。因為一場越戰造成了3百多萬人死傷，是多少家庭的傷痛。後來1995年

▲監獄的部分還可看到法國處死政治犯的斷頭台，而且竟是以仰躺的方式行刑

美越恢復邦交才改名為「戰爭遺跡博物館」，希望藉這座博物館讓我們從歷史中記取教訓。

中庭陳列著美軍於越戰時的戰車、戰鬥機、重型機槍、砲彈等；展覽室展示出越戰時美軍使用汽油彈或化學武器所造成的受害者照片，張張怵目驚心，讓人深刻體會到戰爭的無情與愚蠢。越南前前後後曾經歷百年的戰爭，參觀後也較能體會與理解越南人現在的種種行為與生活習慣。

▲參觀者都好認真看展，這是了解越南歷史，進而更能理解越南人的地方

胡志明市

🏛 聖母院(紅教堂) (Notre Dame Cathedral)
百年紅磚教堂

📧 Han Thuyen ⏰ 05:30～17:00 💲 免費 ➡ 由戰爭博物館步行約7分鐘 (正門關的話，也可以看看郵局另一邊的側門是否開放)

建於1877～1883年間的聖母院，因其磚紅色外觀，而得了個「紅教堂」的稱號。教堂紅磚及所有材料都遠從法國運過來，由於磚塊品質相當好，即使歷經一百多年，依舊光鮮亮麗。

這座新羅馬式建築，正面有兩座高達40公尺的方形尖塔，內部有美麗彩繪玻璃、高聳的拱頂，

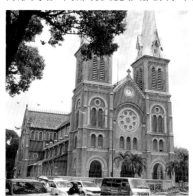

形成一股莊嚴神聖的氣息。而廣場的聖母像則是1945年羅馬教會所贈。

🏛 郵政總局 (Central Post Office)
如入舊時光的復古法式郵局

📧 2 Cong Xa Paris ⏰ 07:00～19:00，週六～日07:00～18:00 💲 免費 ➡ 就在聖母院旁，距統一宮約7分鐘路程

聖母院旁邊的美麗黃色歐風建築，於1892年正式啟用，同時也是法國殖民時期的第一座郵政總局，建築師可是大名鼎鼎的Gustave Eiffel，也就是艾菲爾鐵塔及紐約自由女神的建築師。內部寬敞的空間，以簡單的綠色鐵條裝飾，兩旁的牆壁則是越南的舊地圖，以及被網路時代淘汰的木造復古電話亭。外牆以各位知名科學家及哲學家的雕像裝飾。郵局麥當勞旁則為綠意盎然的書街。

🏛 中國城
老香港風情

📧 第五郡 ➡ 由檳城市場到此約15分鐘車程，可搭乘1、11、38路或56路公車

第5區的堤岸華人區，是越南華人最大的聚居地。20世紀初，許多中國商人會聚集在此，

這裡因此成了鴉片、妓院與賭場的集中地。

這區景點中最著名的就屬建於1760年的天后宮，是越南最古老的華僑寺廟之一，奉祀海上守護神「媽祖」(天上聖母)。此外關公廟、安東市場(Cho Andong)、成衣批發的An Dong Plaza商場，胡志明市最大的平房市場，也都是這區著名的旅遊點。另還相當推薦到豪仕坊欣賞這座百年大雜院，之後再到添輝麵家吃上一碗酥脆的炸鴨腿麵。

來胡志明看AO Show

到河內看水上木偶劇,那麼到胡志明市就來看AO Show吧!

AO Show是由曾在太陽劇團的越南年輕人創立的,1小時的演出只用竹子這個元素變化,活潑地演繹越南人的生活,表演方式也看得到太陽劇團的影子,音樂的部分尤其精采。雖然說嚴格來講,整體表演可以更好,不過這種採用當地元素,讓遊客更深入了解越南生活的創意發想的確是非常好,不失為胡志明市夜晚的娛樂活動,又可一窺1898年所建的火焰式哥德風格(Flamboyant)劇院內部。

除了AO Show之外,現在還有演繹越南高原部落文化的Teh Dar,以及農村生活的The Mist劇碼。

☒ Saigon Opera House 💲 70萬越幣起,售票亭09:00～18:00 🌐 表演場次及訂票www.luneproduction.com/saigon-opera-house 🛈 歷史博物館也有定時的水上木偶劇表演,也很推薦這家博物館,可深入瞭解越南歷史,到其他景點參觀也較有概念

胡志明市人民委員會 (People's Committee Hall)

露天廣場的寫意自在

☒ Nguyen Hue St.路底

典雅的乳黃色建築,以細緻的雕花裝飾而成,是胡志明市最亮眼的景點之一。當初法國建築師 P. Garden 以巴黎市政廳為藍本設計而成,並於 1908 年完工,原為法國殖民時期的總督府,後改為「胡志明市人民委員會」。據說內部有美麗的庭園及華麗的室內設計,不過目前並不對外開放。

前方的廣場現重新改造後,成了市民最愛的夜遊區,晚上有噴泉,年輕人還喜歡坐在這裡玩音樂、約會。廣場上的胡伯伯雕像更是遊客必打卡的旅遊照,很夯的公寓咖啡館也在這廣場旁。

▲市政廳,前方的廣場已是市民最愛的夜間聚集地

胡志明市美術館 (Ho Chi Minh City Fine Arts Museum)

美麗老宅展藝術

☒ 97A Đ Pho Duc Chinh 🕐 週二～日08:00～18:00 💲 3萬越幣 ➡ 距離檳城市場約5分鐘路程,鐘塔正前面的路上

100多年前,中國富商黃文華在胡志明市興建這座美麗的宅邸,裡面還有著西貢最古老的電梯、迷人的拼磚地板、彩繪玻璃及幽雅的窗欄。後來這個家族將這座建築捐給市政府作為美術館。館內展覽共分為3部分:第一部分為越南的現代藝術品;第二部分為以戰爭為主題的藝術收藏,第三部分可看到7～20世紀的文物,像是占婆、扶南王國文物、雕刻及陶器,及少數民族的手工藝品。

▶上:先不論收藏,建築本身就很值得參觀了

下:館內有許多傑出越南藝術家的作品

西貢歌劇院 (Nha Hat Thanh Pho)
時髦的劇院區

✉ Lam Son Square ⏰ 只有表演時開放 ➡ 距離聖母院約10分鐘路程

1899年興建的市民歌劇院，是殖民時期留下的美麗建築，當時法國上流人士的娛樂場所。這些紳士淑女通常會先到旁邊的Hotel Continental享受餐飲，再到這裡繼續欣賞藝文表演。後曾一度改為下議院、也曾是賭場，現在AO Show進駐後，終於又成為常態的藝文表演場地。

▲改為西貢歌劇院位於市中心，周區高級旅館及商家林立

粉紅教堂 (Nhà thờ Tân Định)
人氣超高打卡地點

✉ 289 Hai Ba Trung street, Q3

這座童話般的粉紅色教堂，為1880年代法國殖民時期所建的天主教堂，其迷人的粉紅色調，讓人看了少女心大發，為胡志明市最熱門的打卡地點之一。看完教堂後，可走進對面的小巷，有家著名的越式蛋餅專賣店。(請參見P.116胡志明市網紅拍照行程)
◀粉紅的新定教堂

檳城市場(Cho Ben Thanh)
觀光化的市集

✉ Lê Lợi ⏰ 07:00～18:00 ➡ 距離歌劇院約10分鐘路程

1941年啟用的室內市場，裡面的攤位相當多，不過也非常觀光化，能不在這裡買，盡量避免。大致上分為布料攤、成衣攤、藝品攤、小吃攤、食品乾貨攤、及後面外圍面馬路的咖啡豆及鮮花攤。晚上市場外轉為小夜市，側面的Luu Van Lang街盡是「平價」運動服飾、球鞋店。殺價功力好的話，其實華人區的安東市場及彷彿成衣叢林的安東商場(An Dong Plaza)更好買。

▲市場收攤後，外圍轉為夜市，但目前週區正在建設捷運，市場前部分路段仍封路

Banh Xeo 46A
越式煎餅專賣餐館

✉ 46A Đinh Công Tráng ⏰ 10:00～14:00，16:00～21:00

位於粉紅教堂對街巷內的小餐館，一轉進餐廳街口，就是一排炭火爐忙碌煎煮著香脆的大蛋餅。這家看似平凡的小餐館，可是各國人士拜訪胡志明市必訪的餐廳之一，除了香脆的越式煎餅外，也提供春捲、甘蔗蝦等經典越南美食。

Duy Tan – Saigon Artisan
來這邊挑特別伴手禮

✉ 76 Lê Lợi ⏰ 09:00～21:00，週六～日休息 ➡ 距離檳城市場約5分鐘路程

想找一些較特別的漆器餐盤、瓷器？Duy Tan店裡的商品中，或許可找到較有質感、獨特的伴手禮，其中還包括利用各種回收袋做成的包包；另販售防水效果極佳的紙製包，放洗衣機也沒問題。

Annam Gourmet An Phu
優質進口食品超市

✉ 16-18 Hai Ba Trung St.及Saigon Center高島屋百貨B2 ⏰ 09:00～21:30，週六～日08:00～21:30 🌐 www.annam-gourmet.com

法國及越南夫婦開的進口食品及越南、亞洲高級食品，若想購買當地優質食材，很推薦這家食品雜貨店，尤其是魚露、越南胡椒粉，越南茶與咖啡的品質及設計也很適合買來送禮。2樓則是小咖啡館，甜品做得相當有水準。

▲特別推薦這款包有各種特色越南茶的茶包禮盒

▶胡志明市老牌甜辣醬

▼高島屋Saigon Center樓下新開的分店

Mori 伴手禮店
超可愛巧克力伴手禮

✉ 65 Lê Lợi, Saigon Center B2 ⏰ 09:30～22:30

以辣木葉保健食品起家的品牌，近年更推出了許多包裝精美又別緻的伴手禮，如可自己選搭不同可愛狗狗圖樣的巧克力、書本般的茶葉禮盒。目前在高島屋超市外設有一家分店，是購買伴手禮的絕佳地點。

Vincom Landmark 81
越南第一高樓

✉ 720a Điện Biên Phủ ⏰ 觀景台08:30～23:00、咖啡館10:00～23:00 💲 觀景台門票81萬越幣

位於胡志明市東區平盛郡的Landmark 81，為目前越南第一高樓，樓高461.3公尺，設有Vinpearl旅館、Vicom Center購物中心及大型超市、觀景走廊與屋頂花園等。若不想付費上觀景台，也可到75樓的咖啡館Nest by AiA小酌、享用輕食或76樓的日式料理用餐。以其高樓景觀來講，價格還可以接受。

福隆咖啡(Phu Long)
知名越南咖啡品牌

✉ 122 Lê Lợi ◷ 07:00～22:30

越南著名的咖啡品牌，也是目前胡志明市最熱門的咖啡連鎖店，老品牌重新改造，以年輕高雅的設計打出一條新路子。

這裡也是購買咖啡豆的好地方：若想買烘焙較重的咖啡豆，可買King等級的豆子，中焙的則可以考慮Moka Blend。近年新興的Katinat Saigon Kafe深受年輕人喜愛，相當推薦水蜜桃冰茶。

The Running Bean
江南Style的食尚咖啡館

✉ 115 Hồ Tùng Mậu, Bến Nghé ◷ 08:00～23:00

胡志明市一家散發著韓國江南Style的食尚咖啡館，寬敞的空間裡除了供應專業咖啡外，這裡豐盛又繽紛的奶昔Smoothie也相當受歡迎，尤其推薦火龍果及酪梨口味。此外，咖啡館還推出自家品牌的黑色滴滴壺，也是很酷的伴手禮。

胡志明市百貨公司比一比

百貨公司	特色
Vincom	最好逛、也較有規模的一家百貨公司，且方便抵達。內有高級精品及歐洲年輕流行品牌。地下美食街幾乎聚集了越南所有知名的餐飲連鎖店。購物中心內也有 Vin Mart大型超市。
Parkson	目前正在整修，將以全新面貌重新開幕。
Union Square	主打國際頂級精品，其他就只有地下室一些紀念品店及家具設計品店。
SC Vivo City	七區韓國城旁的大型購物中心，內設有Big C超市，旁邊的韓國社區還可找到韓國百年餐廳Nha Hang Tram Nam。

Saigon Center 高島屋百貨
優質伴手禮一次購齊

日本高島屋也進駐檳城市場前的Saigon Center，讓這座購物商場，成為市中心最熱門的百貨。優質伴手禮可在B2的美麗超市Annam Gourmet一次購齊，1樓的Terrace Cafe還是座叢林鳥籠咖啡館。

不過最推薦的其實是百貨公司旁的Saigon Square 1平價商場，可買到各種平價運動休閒包、球鞋、慢跑衣、行李箱、服飾，兩個入口也都有換匯處。

美甲店推薦
指甲彩繪水準高超

檳城市場後面有一條平價的美甲巷，指甲彩繪的水準相當高，樣式選擇多，真是遊客到越南絕佳的放鬆行程，(粉紅教堂對面小巷也有一家平價、服務好的Mie Nails)。

另還推薦Fame Nails Salon美甲連鎖店，技術跟服務相當受好評。

Bep Me In
隱巷裡的美食餐廳

✉ 9 ward, 136/9 Lê Thánh Tôn ☎ +84 28 3824 4666 ⏰ 10:30～22:30

抵達胡志明市最推薦的第一家餐廳是Mountain Retreat，那麼第二餐則推Bep Me In。這家小餐館位於檳城市場後面的美甲巷底，料理同樣為庶民美食，不過比較偏住家常菜，從菜的口感及擺盤，都可看到廚師的用心。

▲竹筒炒豬肉及烤雞翅也表現得很有水準

L'Oliver法國餐廳
優質法國餐廳

✉ 17 Le Duan St ☎ (08)3824-1555 ⏰ 11:30～14:30，18:30～22:30

位於Sofitel Saigon Plaza旅館2樓的法國餐廳，可算是越南餐飲服務最專業的一家。裝潢依餐廳之名，選擇溫樸的橄欖綠為主調，還有一區裝設

成露天平台，充滿法國南部與地中海風情。法國廚師更成功地將道地的法國味帶到遠東來。

◀L'Oliver的烤羊排，嫩度與香烤味真是絕品

The Hidden Elephant Book & Coffee
隱象書牆咖啡

✉ 2F, 35 Phan Chu Trinh (越南的2樓是台灣的3樓) ⏰ 09:00～22:30

隱於檳城市場旁美麗老建築中，是一處安靜又優雅的空間，滿牆的書籍任客人翻閱。餐飲也相當用心，尤其推薦招牌咖啡。在附近逛累了，不妨鑽進窄窄的巷道爬上3樓休息一下。

Cho Thai Binh太平市場
在地小吃來這嘗

這是位於范五老區附近的當地市場，最推薦的是市場外的小吃區，早上到中午，有專賣手工烤布丁的小攤，是加上越南咖啡的正統越南布丁。位於375 Pham Ngu Lao店面前的蟹肉木薯羹及甜湯攤

也很棒。另還推薦市場5號門外的椰子專店，最便宜的新鮮椰子汁這裡喝！市場內第127號攤則是購買越南咖啡豆的最佳地點。附近背包客區的文青風烤肉米線店Bún Chả 145也很推薦。

▶烤布丁

The Cafe Apartment
正夯的咖啡公寓

✉ 42 Nguyễn Huệ ➡ 就在大書店旁，Saigon Garden 斜對面
🅿 搭電梯需付費

　　這是胡志明市最熱門的打卡地點之一。整棟老舊公寓，原為軍務及公務員居住之處，2015年文創商店、咖啡館陸續進駐，構成一幅直立的尋寶圖，每層樓均有不同類型小店。可找家喜愛的咖啡館，坐在陽台上俯瞰熱鬧的Nguyên Huê步行街。

▲6樓的**The Letter**咖啡館，布置舒服，餐點也很棒

Propaganda
引人的壁畫餐廳

✉ 21 Hàn Thuyên，2號店位於Saigon Center購物中心B2 🕐 07:30～23:00

　　將越共常用的宣傳海報，以活潑亮麗的手法，創造出令人一進門就眼睛為之一亮的環境。此外，餐廳的餐點更是值得推薦，注重食材，且以更健康的方式料理傳統越式餐點，大推這裡的越式炸春捲，越南冰咖啡也相當有水準。

The Workshop Coffee
專業越南咖啡館

✉ 27 Ngô Đức Kế, Bến Nghé, Q1 🕐 08:00～21:00

　　業主認為越南咖啡除了一般常見的滴滴壺式傳統咖啡外，也可以呈現出精品咖啡等級的口感，而The Workshop確實做到了這點，堅持全部以越南當地出產的咖啡豆研磨，表現出相當有質感的咖啡風味。

Saigon Coffee Roastery
名師創立咖啡館

✉ 151 Đồng Khởi (位於相當有趣的舊公寓2樓) 🕐 08:00～18:00

　　越南知名的咖啡師Phap Vo創立的咖啡館，在歌劇院斜對面的老公寓裡，以越南及世界各地的咖啡豆，調配出美味咖啡。尤其推薦義式咖啡，椰奶咖啡更是是筆者目前在胡志明市喝到口味調配得最完美的椰奶咖啡。附近另一家Shin咖啡也相當專業，並將成立咖啡訓練中心。

Secrect Garden & Mountain Retreat
內行人才知的餐廳

✉ 158 Pasteur St. 📞 +84 90 990 46 21 📘 secretgarden-158pasteur ➡ 由戰爭博物館走過來會先經過著名的Quan An Ngon餐廳，接著會看到摩托車停車場，走進去就對了

餐廳雖然位於熱鬧的Pasteur街上，但卻要穿過摩托車停車場，走向裡面一處民宅階梯，繼續一直往上爬到頂樓，整個尋找餐廳的過程實在太有趣了。還可順便看一下當地人居住的環境。

另一家同為屋頂餐廳的Mountain Retreat也有異曲同工之趣，這裡的老階梯是IG的熱門景點，料理的美味度也更勝一籌，菜餚醬料的配搭相當厲害，尤其是網狀炸春捲不吃可惜！

▶**Mountain Retreat的水煮蔬菜配豆腐乳、網狀炸春捲、香蕉花沙拉、炸雞翅都相當推薦**

Saigon Skydeck
高空酒吧

✉ 36 Hồ Tùng Mậu 🕐 09:30～21:30 💲 20萬越幣 🌐 ticket-box.vn/saigon-skydeck

Bitexco商業大樓高262公尺，形狀宛如一根含苞待放的荷花。49樓的Skydeck（178公尺），為胡志明市最熱門的高空酒吧，可眺望越來越燦爛的胡志明市區景觀。

此外，Rex及Caravelle兩家旅館的頂樓酒吧也是不錯的地點，而背包客區的Bui Vien街一入夜便成了熱鬧的啤酒街。

Maison Marou
巧克力品牌咖啡店

✉ 167-169 Calmette, Nguyễn Thái Bình 🕐 週一～四09:00～22:00，週五～日09:00～23:00 🌐 marouchocolate.com

來自美國的 Vincent Marou 與在胡志明市工作的Samuel Maruta，在一次叢林露營後，決定在山林裡開闢可可農場，並以慢工出細活的方式製作巧克力，讓人們品嘗不同可可豆的最佳風味，而這就是Marou Faiseurs de Chocolat巧克力的起源。

除了各大超市、商店都可買到Marou巧克力外，他們還開設了品牌專賣店，並以巧克力為基底，創作出許多美味的甜點。

時尚咖啡 L'Usine

✉ 151/5 Dong Khoi 🕐 07:30～22:30 🌐 Lusinespace.com

越南的時尚服飾咖啡館，極力與越南在地品牌合作，例如與越南最著名的Marou巧克力共同研發L'Usine x Marou Arabica咖啡巧克力口味。甜點算是相當有水準，這裡更提供優質早餐餐點。

Social Club 與 Firkin Bar
質感高空酒吧與威士忌酒吧

✉ MGallery Saigon, 76-78 Nguyễn Thị Minh Khai ⏰ 09:00
～01:00，週三～週六09:00～02:00

Hotel des Arts Saigon的高空酒吧Social Club，為胡志明市最有質感的高空酒吧之一，雖然高度及景觀不若Skydeck，但整體氛圍、飲品與服務有質感，Happy Hour飲料還買一送一，相當划算。

若想喝威士忌，大推歌劇院周區的Firkin Bar，每位Bartender都相當專業，威士忌種類多，調酒更是美味，可依個人喜好調製。週末若想聽現場音樂，范五老背包客區附近的The Gin House，歌手及氣氛都很棒。

Pho Hoa 與 Pho Hung
胡志明市推薦河粉店

✉ Pho Hung／241-243 Nguyen Trai St.；Pho Hoa／260C Pasteur, phường 8, Quận 3

Pho Hoa是胡志明市最著名的一家河粉店，湯頭硬是比別家還要香濃，吃河粉時，牛肉香還會飄進嘴裡(但湯有點鹹)。牛肉的部分則剁得較碎小，讓牛肉的口感更為鮮嫩。另也相當推薦這裡的牛肉丸，也可油條沾著湯吃。

另一家Pho Hung也相當推薦，尤其是料好實在又澎湃的綜合河粉，餐後還可點個淋上越市咖啡

的手工越式烤布丁。靠近中國城的錦麗牛肉河粉，湯頭香甜，也很值得一嘗。

▲Pho Hoa的湯頭相當香醇

Bánh Mì 37 Nguyễn Trãi
越式法國三明治

✉ 37 Nguyễn Trãi ⏰ 16:00～20:00，賣完收攤

巷口前的小攤，香脆的法式麵包夾上現烤的香茅味烤肉，搭配爽口的醃漬菜與小黃瓜，吸引無數饕客前來品嘗。附近另一家知名的越式法國三明治Banh Mi Huynh Hoa則主攻豬肝醬料及各式火腿，但名氣大，價位也較高。

若想試南部口味的烤肉米線，則推薦Bun Thit Nuong Chi Tuyen，可單點烤肉或含炸春捲的綜合米線。背包客區的Bún Chà 145則是北越烤肉米線，文青風餐廳設計很受外國遊客喜愛。

Cheo Leo Café
近80年的老咖啡館

✉ 109/36 Nguyễn Thiện Thuật, phường 2, Quận 3
⏰ 05:15～18:15

Cheo Leo老咖啡館位於3區的小巷弄內(靠近中國城區)，為3位女性所創立，現經營者仍使用紗布濾咖啡、並以傳統方式將咖啡放在炭火上的陶甕裏保溫。

檳城市場附近的老咖啡館Cafe Vy，也提供品質很棒的越式咖啡，很推薦到此跟當地人坐在矮板凳上看車、看人、享受地道的越南咖啡時光。

胡志明郊區行程1
湄公河三角洲水上市集
飄搖河畔的水上人家

湄公河三角洲富庶的物產，以船為家、以水為鄰的水上人家生活，全緊繫著那分寸大的船屋。天剛亮，只見來往的船隻，運載著新鮮蔬果，聚集在水上市集熱絡的交易著……

每天清晨，來自各地滿載著商品的船販紛紛聚在湄公河三角洲最著名的芹苴蓋鑾水上市集(Cai Rang Floating Market)。而且船家還會將他們販售的商品高掛在竹竿上，老遠就知道那艘船販售的商品。除了蔬果小販、冰飲、小吃、雜貨外，竟然還包括大小家具、野味，像是蛇、龜、田雞、魚蝦等。

距離芹苴市約17公里處有另一個豐田水上市集 (Phong Dien Floating Market)。這區的農民主要種植水果，因此商品多為水果，如橘、橙、人心果、柚子、龍眼等。

胡志明郊區行程2
越戰遺跡「古芝隧道」
越南人徒手挖鑿20年的地道

越戰遺跡——古芝地道，人稱「越共地下總部」或「紅色首府」，因為這是越戰時期北越政府位於南方的游擊總部。他們自1948年開始在距離胡志明市北郊65公里處，方圓420公里的叢林裡，挖建了長達250公里的地道，南通湄公河，西抵柬埔寨邊境。而且當時只是徒手以簡單的鑿子，挖了20年才完成。

地道共分為3層，深達9公尺，由數十條寬不到80公分、高約70～150公分的地道交錯連結而成，每一層還設有氣孔延伸到地面，並在地道內設置簡便的醫療室、會議室、總司令室、廚房、餐廳、蜜月房、軍火庫等。大部分地道出口在湄公河岸，

因此無論美軍怎麼派兵、獵犬搜尋，就是摸不清地道系統。再加上他們還將廚房的煙囪以蛇狀導管，經過層層排煙室，才導至遠處的煙口。

由於這裡是越戰最激烈的戰場，因此可看到直昇機、戰車殘骸及許多恐怖的陷阱。遊客也可鑽進地道體驗地道生活，但因地道相當窄小，內部空氣較悶，大部分遊客走到第一個出口就紛紛逃出，很難想像當時這些越共兵團在此生活10年之久。目前開放的地道是濱藥(Ben Duoc)及邊定(Ben Dinh)，參觀完後還可拿當時的槍桿練習打靶。

除了古芝隧道的半日行程外，還可以拉長為一日行程，參觀融合各種宗教的高台寺。

行程建議

建議由胡志明參加湄公河旅行團，可選擇搭巴士或搭船(較快)前往。一般有1～3天行程，有些旅行社會安排較特別的行程，像是住在民家、騎腳踏車遊鄉間等，應較為有趣，否則除了參觀水上市集外，也只是多參觀一些工廠而已。

注意事項：8～10月時有水災

最佳拜訪時間：

1. 早上最好早到，能看到比較多的水上商販。
2. 春節前為最熱鬧的趕集時節。

01,02 湄公河三角洲以船為家的特殊生活文化

免簽證暢享海天悠閒的自然祕境
富國島

細白的奶油沙灘、淳樸的民情與多采多姿的海上活動，等著你來探索！

富國島素有「南海珍珠島」之稱。從空中鳥瞰整個島，就像顆綠翡翠。牛群悠閒漫步在黃土路，椰子樹影延伸到長沙灘上。Duong Dong Market市場早上傍晚都熱鬧不已，市區還有個Dinh Cau夜市，各種鮮烤海鮮便宜吃(記得先講價)。而富國島最富盛名的長沙灘，沿岸有多家頂級度假旅館，猶如歐洲大學的JW Marriott，甚至還開放讓非住客進旅館享受餐飲及參觀優雅的環境。

白天可以參加潛水團，傍晚時還可以參加黃昏夜釣團(Sunset BBQ)，跟著當地漁民出海看夕陽、釣魚，漁夫還會煮超鮮美的魚粥及現釣烤海鮮給大家吃，美景、美食全擺在你面前了。

🛈 富國島為越南的經濟特區，若只往返富國島，不停留其他城市，免辦簽證，即可前往富國島度假。

01富國島黃昏之旅／02就連富國島的牛都很幸福，在海邊的椰子樹下看海吃青草／03猶如歐洲大學村的JW Marriott度假旅館

富國島纜車
全球最長的跨海纜車

➡️ 可搭乘SunWorld提供的免費接駁巴士至An Thới纜車站
💲 30萬越幣 http honthom.sunworld.vn

　打造峴港巴拿山法國村的Sun World集團，於2018年初開放富國島纜車，由富國島南部的An Thới跨至最大離島香島(HơnThơm)，成為全球最長的跨海纜車，總長近8公里，單程約20分鐘，沿途欣賞壯闊的海景。抵達香島後，可暢玩各種海上活動，包括水上摩托車、風箏衝浪、潛水等。生態園區全部完工後，將有水上樂園、水族館、主題樂園等設施。

奶油沙灘(Sao Beach)
遊客玩水拍照熱點

　這座細緻的白沙灘，位於富國島萬豪酒店不遠處，海上及沙灘上架設多座鞦韆，成了遊客玩水及拍照的熱門地點。

富國島夜市
(Phu Quoc Night Market)
海鮮小吃樣樣俱備

🕐 19:00～22:30

　富國島揚東市區(DươngĐông)的夜市現在也是遊客必訪之處，多為炒冰攤、紀念品店及海鮮餐廳。現已比以往觀光化許多，若想吃螃蟹料理的話，可考慮夜市附近的Crab House (10 Đường Nguyễn Trãi, Dương Đông)，雖為觀光客價格、蟹肉可以更鮮甜，不過環境很棒，玉米及麵包相當好吃。

JW Marriott Phu Quoc Emerald Bay Resort & Spa
「奇幻校園」般的夢幻度假村

📧 Bai Khem, An Thoi Town 🔗 www.marriott.com

位於纜車站及著名Sao沙灘不遠處的富國島JW Marriott，是由奢華旅館名設計師Bill Bensley以法國生物學家拉馬克為概念打造拉馬克大學，旅館內的擺設多為歐洲收購回來的原版古董及家具，在奢華中，透顯出知性美。各棟建築也以學院來打造，服務人員的制服還是學生制服，讓人踏進旅館，彷如走進二十世紀初的法國大學村。房間則以迷人的Tiffany藍為主調，搭配優雅的線條，營造出天堂般的夢幻空間。

但旅館費用並不便宜，因此特別開放外客在櫃檯購買50萬越幣的餐券入內參觀(約台幣7百元，可抵館內消費)。旅館內共有5家餐飲，其中最推薦以化學實驗室為主題的Chemistry雞尾酒酒吧，充滿化學元素的室內裝潢，搭配慵懶的大沙發躺椅，讓客人慵懶地坐在海濱，享用「化學家」調製的美味雞尾酒。

Ben Ham Ninh碼頭水上餐廳
越式海鮮火鍋最對胃

➡️ 由富國島夜市區搭計程車約30分鐘車程，距離富國島機場約15分鐘

Ben Ham Ninh碼頭的木棧道兩旁均是水上海鮮餐廳，基本上菜色大同小異，最推薦越式海鮮火鍋。(計程車可能會載你到碼頭前收費較高的餐廳，較推薦海上木棧道兩旁的餐廳，點餐前記得先問價錢。)

應用越南文ABC

實用會話

聖誕快樂及新年快樂
Chúc Giáng Sinh Vui Vẻ và Chúc Năm Mới Tốt Lành

復活節快樂
Chúc Mừng Phục Sinh

生日快樂
Chúc mừng sinh nhật

祝你旅途愉快
Lên đường bình an

祝你好運
Chúc may mắn

恭喜
Chúc mừng!

地圖
Bản đồ

票 ／ 購票處
vé ／ phòng bán vé

購物篇
Shopping

在越南購物，有哪些好選擇？

越南有許多獨特的食物與商品，都是別地方看不到的珍奇物件，
而熱鬧窄小的市集，更擁有無窮魅力的活力。

越南購物現況

越南有哪些好物值得帶回家和親友分享？如何退稅？本篇讓你出發前掌握購物守則。

交易方式及退稅
Traveling in Vietnam

在越南購物，主要還是以越幣為交易貨幣。雖然有些商家接受美金，但通常會以較差的匯率換算，因此建議還是以越幣交易為佳。

現在信用卡也越來越普遍了，較有規模的商店及餐廳都接受信用卡付費，但有些會收2～3%的手續費。至於外國人最在意的退稅服務，目前只有少數一些頂級國際精品店提供退稅服務，門口會有VAT標示。

▲在標有VAT的退稅商店購物也可辦理退稅，不過目前只有一些國際精品店提供退稅服務

▲在越南購物動不動就是幾十萬、幾百萬、千萬，務必看好有幾個零，且越南人說數字是以幾個「千」為單位，跟中文的「萬」不同

越南人很努力賺錢，幾乎所有商店都是從早開到晚，中午沒有休息時間。至於百貨公司的營業時間是10:00～21:30。

現在大城市也開始出現連鎖便利商店，胡志明市的7-11、Family Mart及OK便利商店還滿常見的。河內則可看到Hapro Mart小超市，大型百貨商場內也多設有優質超市，是最便利的購物地點。當然，日常用品仍以傳統市場為主，幾乎所有生活上所需的用品都可在市場找到。

▲百貨商場內通常也設有優質超市

常見超市
Traveling in Vietnam

除了越來越普遍的便利商店外，大型超市也越來越多，包括：Co.op、Lotte Mart、Vin Mart、Big C等。百貨公司內也都設有超市，如胡志明市的Vincom及高島屋的Annam Gourmet超市就都很好逛。

!? 當地購物需注意

越南海關規定

古文物、用保護動物或大件越南紅木製作的工藝品可能無法帶出境,購買前一定要先問清楚。在越南購買個人用的物品,價值超過5千美金者,須在海關登記,因此要保存好購物發票。若是商業目的則須經檢查批准才可以帶出境。未經檢疫的動植物不能出入境。

殺價必勝、詐騙免談!

越南人對外國人的開價都比較高,所以幾乎都要殺價。建議殺價時可以開玩笑的方式,讓雙方都交易愉快,畢竟我們是去旅遊的,不要為了買東西而壞了興致。

當然,若是開價過於離譜者,根本就不需要浪費時間討價還價,就直接走吧,讓他們明白獅子開口也應該有個限度。

買到欲罷不能,如何打包?

容易破碎的物品可以用泡泡紙包好,行李箱要塞滿,沒有任何滾動的空間,這樣物品才不會互相碰撞。基於農藥殘留問題,並不建議在市場購買茶葉。

伴手禮與紀念品

各種在地風味的紀念品,非常有越南當地的風味,相信也能讓親友滿意。

會安燈籠
現在的彩繪花樣更有質感了。

竹編包

陶瓷器皿

以越南文化創作的磁鐵

創意棉T照片

越式咖啡濾滴壺

椰子面膜
（胡志明市機場）

西貢小姐香水

瓶身依各地越南小姐的國服穿法設計，香水原料則是法國進口，在越南調配的。（購買地點：胡志明市郵政總局、機場）

斗笠

越南的傳統帽子，遮陽效果非常好。

夾腳拖鞋

裝鞋子、內衣的布包

方便旅行收納的小布包。

椰子護唇膏

立體紙捲

以紙片捲出各種維妙維肖的立體畫，有做成月曆、書籤、耳環、卡片。

越南當地材料
做的手工皂

宣傳海報

以各種共產黨的宣傳海報，畫風雖然簡單，卻也因而有它獨特的風格。

陶瓷
Minh Long 1是越南的名瓷,北越及會安的瓷器也有自己的風格,可購買茶壺、咖啡杯、陶盤等。(胡志明市Authentic陶瓷店、Kito陶瓷雜貨品店則可買到手工繪製的老瓷盤)

越南國服Ao Dai
以前越南國服依身分區分顏色:少女穿白色,未婚女子穿粉紅色,已婚婦女則穿深色國服。不過現在已經沒有區別了,而且許多樣式也巧妙地融入現代設計。

現代畫
法國殖民時培養許多美術人才,在河內及胡志明市區可看到許多畫廊展售年輕藝術家的作品。

少數民族零錢包
實用又便宜的紀念品,河內選擇比較多。

少數民族服飾
可買少數民族的服裝回家裱框裝飾,銀飾也有各族的特色。

版畫刻章
具越南特色的版畫藝術刻章

當地品牌服飾

越南風布娃娃

以越南元素點飾的草帽

少數民族元素創作的編織包(P.160)

超市購物清單

越南有許多獨特的民生食品，大多在超市就可以買到，不妨買回來嘗鮮。

米紙零食
越式春捲的乾米紙拌辣醬當零食吃，是相當特別的越式零嘴。

魚露
大陶甕中以一層魚、一層鹽的排列方式發酵半年慢滴出來的魚露。

茶包
尤其推薦地中海地區常見的朝鮮薊 (Atiso)，又稱為蔬菜之皇，是活化肝臟的聖品，越南習慣將這種菜製成茶包。超市有許多不同的品牌，建議購買較不需擔心農藥殘留的有機茶。

當地小農咖啡

蓮花茶
泡開了會像蓮花一樣打開。推薦購買地點：Phuc Long咖啡店及Annam高級雜貨店。

越來越多新潮設計的滴滴壺

包裝精美的越南在地巧克力品牌 Marou

可自己選搭不同狗狗造型及越南傳統服飾的巧克力Mori（胡志明市高島屋超市外）。

綠豆酥餅
越南Huong Nguyen綠豆糕幾乎是所有到越南遊玩的旅客都會購買的伴手禮，這算是北越的特產，但因為太有名了，所以南越及機場都有(不過機場比較貴)。
另也推薦榴槤及椰子酥餅。

果醬
越南當地的優質果醬品牌

椰糖
湄公河三角洲有些椰糖製造工廠所產的椰糖，比一般市面上賣得還好吃很多。

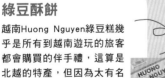

芋頭、波羅蜜、香蕉乾
芋頭跟香蕉乾尤其美味。

花生糖餅
外面裹著白色硬糖衣，裡面則是香脆的花生。

福隆咖啡的優質咖啡粉（P.161）

中原咖啡
通過國際認證的越南咖啡品牌，現也開設許多連鎖咖啡茶館

天然椰子油
Food Passion 有機店

腰果及開心果
Food Passion有機店／
36 Nguyễn Thái Bình

山刺番荔枝果乾及榴槤蛋黃餅
（Vin Mart） 作者推薦

西瓜、芒果、水蜜桃、檸檬鹽口味的涼糖

越南產100%可可粉

胡椒粉
越南特產胡椒。

海鮮酸辣湯鍋底

麝香貓咖啡
擁有特殊風味的麝香貓屎咖啡豆。

芝麻酥餅

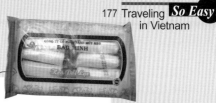

量身訂做專屬衣物

訂製服飾 1 2 3 ....

越南訂製衣服非常便宜，布料選擇也多。在胡志明市、河內都可找到訂製店，如果有機會到會安古城，這裡更是越南的訂製天堂，城內有好幾百位裁縫師等著幫你量身訂做各種禮服、西裝、鞋子、內衣、甚至泳衣，幾乎是從裡到外，從頭到腳都可訂做。訂製時大多會被問到：

● 外套長度？要幾個鈕扣？
● 口袋樣式：要內隱式或外顯式的？
● 褲頭要拉鏈？鈕扣？鉤子？
● 褲腰要綁帶？腰帶？
● 需要知道的尺寸：身高、體重、身型、胸圍、腰圍、臀圍、腋窩圍、肩寬、袖長、總身長。

1.行前準備：

由於訂製服店的目錄並不一定都那麼新，所以建議行前先上網搜尋各大品牌或參考雜誌，選好自己想要的款式，並列印出來。沒有先準備者，店內也有各大精品的目錄及雜誌供客人選擇。

2.找店家、選布料：

一抵達(像是胡志明市或會安)就開始在城內各家訂製服店尋找自己滿意的布料，並看店家的樣品做工(記得也要看內裡材質)。

3.下訂單、量尺寸、付訂金：

一般隔天就可以試穿衣服，不合適的可立即修改。

應用越南文 ABC

應用單字

顏色／Màu
黑／đen
白／trắng
紅／đỏ
橘／cam
紫／tím
黃／vàng
藍／lam
棕／nâu
綠／lục
灰／xám
襯衫／cái áo sơ mi
褲子／cái quần dài
鞋子／giày dép
帽子／cái nón
皮夾／cái bóp
手錶／cái đồng hồ
禮物／qùa tặng
玩具／Đồ chơi
市場／Chợ
夜市／Chợ đêm
百貨公司／Khu mua sắm

實用會話

這是什麼？
Cái này là cái gì?

我想買_____
Toi muon mua_____

請給我這個
Đưa cho tôi cái này!

太貴了、便宜
Mac Quá!、Re Quá!

有沒有便宜一點的東西？
Bạn có cái nào rẻ hơn không?

可以用信用卡嗎？
Tôi có thể trả bằng thẻ tín dụng không?

哪裡有自動提款機？
ATM ở đâu?

我可以試穿嗎？
Tôi có thể thử nó được không?

有大/小一點的嗎？
Bạn có cái lớn/ nhỏ hơn không?

我的尺寸是_____
Size của tôi là_____

▲訂製禮服及西裝應該是最划算的

通訊與應變篇
Communication
& Emergencies

在越南旅行，要打電話、上網，或遇到緊急狀況怎麼辦

在越南如何跟家裡的親友聯絡？有沒有能上網的地方？如何寄郵件或明信片？
或是出門在外發生意外，千萬必須保持鎮定，冷靜處理。

VIETNAM POST

撥打電話

教你台越兩地撥打電話的方式，以及到當地如何購買手機SIM卡、使用網路等通訊方式。

從台灣打電話到越南
Traveling in Vietnam

國際冠碼 + 越南國碼 + 區域號碼 + 電話號碼

　　先撥台灣電信公司的國際冠碼，像是中華電信的「002」、「009」、「012」，或其他電信公司的國際冠碼，接著撥越南國碼「84」、區域號碼(去0)及電話號碼。

撥打方法	國際冠碼+	國碼+	區域號碼+	電話號碼
打到市內電話	002 / 009 / 012 等等	84	28(胡志明市)	對方號碼

舉例說明 ＊旅館電話：(28)1234-5678／從台灣打的方式：002+84+28+12345678
　　　　　＊當地的手機：0905-1234-567／從台灣打的方式：002+84+9051234567

重要城市區域號碼：胡志明市 28／河內 24／順化 234／峴港 236／會安 235／寧平 229／海防 225／
　　　　　　　　北寧 222／南定 228／平陽 274　　　　＊ 2017年起，將依時程更改59個省市的電話區域號碼

從越南打電話回台灣
Traveling in Vietnam

國際冠碼 + 台灣國碼 + 區域號碼 + 電話號碼

　　先撥國際冠碼「00」，再撥台灣國碼「886」，加上區域碼(台灣區域號碼要去0)及電話號碼。

撥打方法	國際冠碼+	國碼+	區域號碼+	電話號碼
打到市內電話	00	886	2(台北)，或其他區域碼	12345678
打到手機	00	886	無(手機無區域號碼)	9碼 (要去0)

舉例說明 ＊台灣家中電話：(02)1234-5678／從越南打的方式：00+886+2+12345678
　　　　　＊台灣的手機：0936-123-456／從越南打的方式：00+886+9+36123456

國際電話如何便宜打？

現在已經是智慧型手機的時代，越南網路非常普遍，只要能連上網，便能透過Line、Skype這類的通訊軟體免費撥打電話。

若對方沒有電腦或智慧型裝置，可購買Skype的點數，便可透過軟體打電話到全球各地的一般市話、手機電話。旅遊天數不多者，也可考慮開通國內電話的網路漫遊，雖較貴一點，但也較簡便。

聯絡同行友人

想聯絡同行友人，若兩人均使用台灣手機門號漫遊，只要在手機內的通訊錄將友人手機號碼儲存為+886936123456，即可直接撥打。只要設定「+」，到世界各國撥打時，手機就會自動選擇該國的國際電話撥打接入碼。

購買手機SIM卡

在越南最方便的方式是直接購買當地電信公司的預付卡(店門口通常會有SIM Card的招牌)，在機場及市區電信公司服務處都可購買。除了一

▲市區可找到電信公司服務處

般電話SIM卡外，比較建議購買可上網的Internet SIM卡(購買時要注意是否可撥打電話、或只能接聽、或只能上網)。

有一張可上網的SIM卡，隨時可跟親友聯繫，分享旅途上的種種，不過最重要的是可以利用Google Map這類的地圖導覽，無論是要步行到某個地方或搭乘大眾運輸，都可快速查詢，搭計程車也可使用Grab叫車。

購買SIM卡步驟

台灣手機即可裝設當地SIM卡。目前越南境內主要電信公司包括：Viettel(市占率最高)、Vinaphone、MobiFone。抵達當地機場、市區都可看到各大電信公司的櫃檯或店面。

Step 1 選擇方案
固定上網流量，可依照上網量及旅行天數選擇。
有些吃到飽的方案，若超過流量，上網速度就會降低，不過上社群網站仍堪用。

* 不是購買吃到飽方案者，建議將相片影片自動備份功能改為連上Wi-Fi時才備份。

Step 2 充值
單買手機電話SIM卡者，選定方案後還需充值才能使用網路或撥打電話。

Step 3 開通號碼
簡訊設定。可請服務人員代為設定。

在台灣買卡跟越南買的差別

在台灣網站上即可先購買越南當地電信公司的SIM卡，然而台灣先寄送SIM卡的上網方案選項還是較少些，有些為純上網卡，無法撥打電話，相較之下，當地機場電信櫃檯的選擇較多。但在台灣先買好的優點是，在飛機上裝好電話卡，飛機一抵達開機即可連接上網(注意：抵達後才能開機使用卡片)。

在當地購買的優點是方案選擇較多，缺點是可能會遇上不肖商店提供未加值的電話卡。

使用國際電話卡
Traveling in Vietnam

從國內或在當地購買國際電話卡，依照卡片背後的操作方式即可撥打。

Step 1 先刮出卡片背後的密碼

Step 2 撥打卡片上所指示的服務電話

Step 3 輸入電話卡密碼

Step 4 密碼確認後撥打受話方國碼+區域號碼(通常要去0)+電話號碼

插入電話卡
即可撥打

節省電話費小提醒

● **漫遊需知**：出國若要使用國際漫遊功能，可以將語音信箱關掉，因為只要一進入語音信箱，就會以國際漫遊費計價。

● **簡訊**：若只是要簡單的報平安，當下沒有網路可用，也可直接用台灣的手機傳簡訊，一則簡訊約10元台幣。(出國前需開通國際漫遊)

● **重要提醒**：出國時記得將手機上網的「行動數據連線」關閉，或者打電話到電信公司的客服部，請他們將出國的行動上網功能關閉。才不至於出國時手機行動上網一直開著，回國有繳不完的電話費。

使用當地電話
Traveling in Vietnam

越南的公共電話並不普遍，有的話，也被小販拿來當作存放攤位用品的地方，真正能使用的並不多。若要使用，只要插入電話卡(或投幣越幣500)即可撥打電話。如須使用當地電話打到越南境內其他城市，僅需鍵入區號+電話號碼即可。

▲大部分公共電話的狀況都很差，能用的並不多

常用電話

00	國際直撥電話接入碼	117	時間查詢
101	國內長途電話服務	113	員警
110	國際電話服務	114	消防大隊
116	電話號碼查詢	115	救護

應用越南文 ABC

實用會話

郵局／bưuđiện
郵票／Tem
明信片／bưuthiếp
電話／phôn
費率是多少？／Gia bao nhieu?
你的電話號碼？／Số điện thoại của anh là?
最近的公用電話在哪裡？
Dien thoai cong cong gan nhat o dau?
我想買一張電話卡。
Toi muon mua mot the goi dien thoai.
我想寄信、包裹、明信片。
Toi muon gui mot la thu、baogói, bưuthiếp.

郵寄&上網

Wifi普遍，便利商店、旅館、餐廳、長途巴士、包車幾乎都提供免費無線網路。

越南的郵局

Traveling in Vietnam

越南郵局的國內郵寄效率較好，國際的效率還不是非常好，重要物品最好還是以國際快捷方式寄。大城市的郵政總局(如胡志明市的聖母院旁)，有國際快捷公司的櫃檯。

▲窗口為Domestic and Oversea Letters的表示可寄國內及國際信件

▲International Express Air是國際航空快捷窗口

郵寄明信片

寄明信片到台灣約越幣15,000(各城市費用稍有不同)。寄到台灣國名要記得寫英文Taiwan，航空信要在信封上寫Air Mail。

郵寄包裹

食品類不可寄送，衣物、雜貨、文件、或書本較沒問題。國際海運約1～2個月，航空郵件約1星期抵達台灣。榮運快遞及鴻毅旅行社也提供快遞服務。國內包裹約需 2～3 天的時間。

無線網路普遍

Traveling in Vietnam

越南無線網路十分普遍，走在街上，只要開啟Wifi功能，就能收到許多Wifi。幾乎所有旅館都提供免費無線網路，大部分多店家、便利商店也都提供免費無線網路，其中有很多沒設密碼的，可直接連上網。若有設密碼，也可向櫃檯詢問。

此外，一般長途巴士，或甚至包車，也都提供車上免費無線網路。網路可說是無所不在，只要攜帶智慧型手機或平板電腦出門，即可輕鬆上網。

▲越南免費Wifi隨處可用，便利商店、車上都可使用

▲機場、火車站均可看到這類的手機充電站

緊急事件的解決方案

人身安全、財物等應變措施。收錄重要的聯絡窗口、救命小紙條。

常見安全問題

Traveling in Vietnam

在越南最常發生的問題是扒竊，人多的地方要特別注意。上下計程車或剛從商店出來時，也要提防機車搶劫的情況。搭乘機車或三輪車等交通工具時，避免將背包置於身後，免得讓歹徒有機可乘。

若是住在比較高級的旅館，出門時可將重要物品鎖在保險箱，晚上儘量不要帶貴重物品在身上。也最好不要搭三輪車或摩托計程車，若是遇到不肖分子，有可能會把你載到人煙稀少的地方。因此，晚上搭計程車一定要搭較有信譽的計程車(Mai Linh、Vinasun)或Grab，可請旅館或餐廳幫忙叫車。付錢時絕不可讓司機自己在你的皮夾上掏錢，有些司機學過魔術，會靈巧地多拿走你的大鈔。

有些三輪車夫或摩托車會將遊客載到他們可抽傭金或大敲遊客一筆的黑店。

機場搭車：建議在機場內的櫃檯登記叫車或使用Grab叫車。透過App叫車者，上車前務必先對好車號。

▲常是擦完後的價錢跟之前的議價不同，再加上鞋匠英文多不好，建議請鞋匠將價錢寫下來

隨身攜帶手機，若發生紛爭時，可聲稱要打電話給警察。在機場或火車、巴士站，行李都不可離身。住多人一房的青年旅館，睡覺時要把重要行李放在身邊。

迷路求助免緊張？

Traveling in Vietnam

投宿旅館者，出門前務必帶著旅館的名片。若迷路可拿名片給計程車司機或問人，或者打電話回旅館。否則也可到警察局或旅遊服務中心請求協助。

▶胡志明市街上穿綠色制服的觀光警察

遇到黑心計程車怎麼辦？

Traveling in Vietnam

搭計程車請務必搭較有信譽的車行計程車，若是不幸遇到黑心計程車，一發現沒有跳錶或跳錶狀況不對，馬上換車。若是到目的地才發現，可請旅館服務人員幫忙協調。

▲警察局

護照遺失怎麼辦？

Traveling in Vietnam

在國外若不幸遇到偷搶意外，不要慌張，還是可以平安回國的，有任何問題可先跟台灣辦事處聯繫，接著：

1. 到警察局報案

請當地警察局開具一份遺失證明書。

2. 補辦護照或入國證明書

到台灣辦事處補發護照或入國證明書，須告知原護照號碼、發行地點、日期，另準備照片、任何台灣身分證明。

若是在國外停留的時間很短，可以向最鄰近的駐外館處申請一份「入國證明書」，回台之後再到領務局申請補發新護照。不必向國內的警察局報案，只要備妥下列證件：

● 在機場入出國及移民署服務站發給你的入國許可證副本，或辦妥戶籍遷入登記的戶籍謄本原件。

● 填妥在領務局服務櫃檯所領的護照遺失作廢申報表。

● 照片2張。

如果人在國外遺失護照(長期駐越)，想要直接在國外申請補發一本新護照，必須準備下列文件：

● 向當地警察機關請發的護照遺失報案證明文件，如果當地警察機關不出具這類證明文件，可以自己寫一份遺失護照說明書。

● 備妥入國許可證副本、護照遺失作廢申報表、照片2張。

信用卡遺失怎麼辦？

Traveling in Vietnam

出國之前，請寫下所前往國家的信用卡免費救助電話，隨身攜帶，但不要和信用卡放在一起。信用卡若遺失，有2道掛失手續，可簡單辦理：

1. 打電話給全球免費救助電話掛失

2. 請國內親友代為致電到發卡的金融公司掛失

信用卡遺失這裡辦

■ **VISA緊急連絡電話**
以對方付費的方式(Collect Call)致電VISA全球緊急服務中心。
☎ VISA全球支援中心+1-303-967-1090

■ **MasterCard緊急連絡電話**
☎ MASTER卡全球緊急服務中心+1-636-722-7111

■ **American Express緊急連絡電話**
24小時免費「旅遊協助服務」。
☎ 國際免付費電話：所在國家之國際冠碼＋800 2100 1266

＊以上資料時有異動，已官方最新公告為準。

證件資料保存小提醒

出國前可先影印2份，1份請親友保存，1份帶出國，但記得要與正本分開放。或者也可用手機或相機拍照留存，或寄到自己的E-mail信箱，發生問題時方便列印。

生病、受傷怎麼辦？
Traveling in Vietnam

　　越南大城市藥房很多，若有慣用藥品，出國前要先寫下英文名稱，以便到當地購買。若是生病的話，可請旅館介紹附近語言可溝通的醫院。胡志明市的富美興地區也有五星級醫院，醫療品質較有保障。可請醫院開具診療證明，回國向健保局申請醫療補助。

▲藥局

遇到火災怎麼辦？
Traveling in Vietnam

　　若遇到火災，請依Exit出口的指標逃生，不可搭電梯。

消防隊：114

　乞丐

　　現在越南的乞丐並不常見，因此不會遇到以前那種很多乞丐齊湧而上的情況。

當地醫院資訊看這裡

河內 24 小時醫療所

■河內家庭醫療診所
Family Medical Practice Hanoi
✉ Van Phuc Compound, 298 Pho Kim Ma,
　Ba Dinh District
📞 +84 24 3843 0748

■國際緊急救護所 International SOS
✉ 51 Xuan Dieu(Fraser Suites旅館後面)
📞 +84 24 3934 0666
🌐 www.internationalsos.com

胡志明市 24 小時醫療所

■Cho Ray(胡志明市最大的醫院)
✉ 201B Nguyen Chi Thanh Street, Dist 5
📞 +84 838 554 137
🌐 www.choray.vn

■Columbia Asia Medical Center
✉ 8 Alexandre de Rhodes, Dist.1
📞 +84 838 238 888

■Victoria Health Care International Clinic
✉ 20-22 ĐinhTiênHoàng, Đa Kao
📞 +84 28 3910 4545

■Franco-Vietnamese Hospital
✉ 6 Nguyen Luong Bang Dist.7
📞 +84 28 5411 3333
⁉ 較昂貴的醫院，位於富美興區，許多外國人會到這裡看病。

■Westcoast International Dental Clinic
✉ 17-19-21 Ly Tu Trong, District 1
📞 +84 28 3825 6999
⁉ 牙科

＊以上資料時有異動，以官方最新公告為準。

急難救助電話看這裡

警察：113／消防隊：114／救護車：115
外交部緊急服務專線電話：0800-085-095

越南的廁所品質

Traveling in Vietnam

越南的傳統廁所是蹲式廁所，不過現在坐式廁所也很常見。除了一般的抽水馬桶外，還常看到擺著水桶及水勺的廁所，要自己舀水沖。若是在市內，可多加利用百貨公司、餐廳或旅館的廁所，這些地方的廁所較乾淨。大部分廁所都有提供衛生紙。

▲女生廁所　　▲男生廁所

▲主要景點的廁所都算乾淨

遇到緊急狀況怎麼辦？

Traveling in Vietnam

若是遇到緊急情況，以自身安全為主。身上儘量不要帶太多現金，護照、信用卡及金融卡遺失都可再補發。

若是所有錢都被偷或沒辦法領，可利用西聯(Western Union)的匯款服務。親友在台灣的西聯辦事處匯款時設定領取密碼，在越南就可以拿護照並告知密碼領取。通常只要幾個小時就可收到。當然，這樣的手續費較高。

應用越南文 ABC

生病用語

我生病了／Tôi cảm thấy mệt.
我受傷了／Tôi đã bị thương.
我需要看醫生／Tôi cần đến bác sĩ.
醫院／Benh vien／nha thuong
救護車／xe cứu thương
頭痛／đauđầu
喉嚨痛／Đau cổ／khang cổ
止痛藥／thuốccảmđau
感冒藥／thuốc cảm
胃藥／thuốcđaudạdày
藥局在哪裡？／dượccục ở đâu?
廁所在哪裡？／Phòng tắm ở đâu?

緊急用語

叫警察！／Xin gọi cảnh sát!　救命／Giúp đỡ!
我要叫警察了。／Tôi sẽ gọi cảnh sát.／Tôi sẽ gọi công an.
火災！／Cháy!　　　　　　停止！／Ngừng lại!
小偷／Ăn trộm!　　　　　　警察／cảnhsát
警察局／cảnhsátcục
我的包包掉了。／Tôi bị mất cái giỏ.
我的皮夾掉了。／Tôi bị mất cái ví.
你從哪裡來？／Ông từ đâu đến?
我來自＿＿＿／Tôi đến từ＿＿＿
請幫我寫下來。／Làm ơn viết xuống
不要碰我！／Đừng đụng tôi!
直走，然後左轉(右轉)／Đi thẳng, sau đó rẽ trái (phải)

救命小紙條

個人緊急連絡卡
Personal Emergency Contact Information

姓名Name：

年齡Age：

血型Blood Type：

護照號碼Passport No：

信用卡號碼：

海外掛失電話：

旅行支票號碼：

海外掛失電話：

航空公司海外電話：

緊急連絡人Emergency Contact (1)：

聯絡電話Tel：

緊急連絡人Emergency Contact (2)：

聯絡電話Tel：

台灣地址Home Add：(英文地址，填寫退稅單時需要)

投宿旅館：

旅館電話：

其他備註：

越南重要電話號碼
員警 113／消防大隊 114／救護 115／國際直撥電話接入碼 00

駐胡志明市台北經濟文化辦事處
地址：336 Nguyen Tri Phuong St., Dist.10
電話：+84 28 3834 9160　　　　緊急聯絡：+84 903 927 019
網址：www.roc-taiwan.org/vn

駐越南台北經濟文化辦事處
地址：5F. HITC Building, 239 Xuan Thuy, Cau Giay, Hanoi(河內)
上班時間：08:30～17:30
電話：+84 24 3833 5501　　　　緊急聯絡電話：+84 913 219 986
傳真：+84 24 3833 5508　　　　Email：tecohn@netnam.vn

填線上回函，送 "好禮"

感謝你購買太雅旅遊書籍！填寫線上讀者回函，
好康多多，並可收到太雅電子報、新書及講座資訊。

好康
1

好康
2

每單數月抽10位，送珍藏版
「祝福徽章」

方法：掃QR Code，填寫線上讀者回函，
就有機會獲得珍藏版祝福徽章一份。

填修訂情報，就送精選
「好書一本」

方法：填寫線上讀者回函，並提供使用本書後的修
訂情報，經查證無誤，就送太雅精選好書一本(書
單詳見回函網站)。

＊同時享有「好康1」的抽獎機會

So Easy
開始在越南自助旅行
新第六版

t.cn/ESiP13r

＊「好康1」及「好康2」的獲獎名單，我們會
於每單數月的10日公布於太雅部落格與太
雅愛看書粉絲團。

＊活動內容請依回函網站為準。太雅出版社保
留活動修改、變更、終止之權利。

太雅部落格 http://taiya.morningstar.com.tw

有行動力的旅行，從太雅出版社開始

23 太雅週年慶

發票登錄抽大獎
首獎 澳洲Pacsafe旅遊防盜背包

凡於 **2020/1/1～5/31** 期間購買太雅旅遊書籍(不限品項及數量)
上網登錄發票，即可參加抽獎。

首獎
澳洲Pacsafe旅遊防盜背包 (28L)

RFID SAFE
RFID晶片
防側錄口袋

專利防盜鎖扣

2名　市價5880元

普獎
BASEUS防摔觸控靈敏之
手機防水袋

顏色
隨機出貨

80名

掃我進入活動頁面
或網址連結 https://reurl.cc/1Q86aD
活動時間：2020/01/01～2020/05/31
發票登入截止時間：2020/05/31 23:59
中獎名單公布日：2020/6/15

活動辦法
- 於活動期間內，購買太雅旅遊書籍(不限品項及數量)，憑該筆購買發票至太雅23周年活動網頁，填寫個人真實資料，並將購買發票和購買明細拍照上傳，即可參加抽獎。
- 每張發票號碼限登錄乙次，並獲得1次抽獎機會。
- 參與本抽獎之發票須為正本(不得為手開式發票)，且照片中的發票須可清楚辨識購買之太雅旅遊書，確實符合本活動設定之活動期間內，方可參加。
- 若發票存於電子載具，請務必於購買商品時，告知店家印出紙本發票及明細，以便拍照上傳。

※主辦單位擁有活動最終決定權，如有變更，將公布於活動網頁、太雅部落格及「太雅愛看書」粉絲專頁，恕不另行通知。